ブラック企業とシュガー社員

目次

はじめに

　社会保険労務士として、日々、さまざまな企業の方とお話をさせていただいている うちに、過保護に育てられた、自立心に乏しい若手社員が巻き起こすトラブルが大変多いことに気がつきました。彼らを砂糖の甘さにたとえて〈シュガー社員〉と私がネーミングしたのは、かれこれ3年前のこと。その言葉は初の著書『シュガー社員が会社を溶かす』（弊社刊）出版後、数多くのメディアに紹介されました。

「我が社にも、この本に紹介されたタイプと同じような社員がいて困っています」

「ウチだけではなかったのだと、ほっとしました」

などなど、たくさんの方からメールやお手紙を頂戴し、企業の規模や業種にかかわらず、多くの方がシュガー社員に悩まされている事実を知ることもできました。

　しかし、これでシュガー社員に関する問題が解消できたのかというと、そうではありません。その後私は、シュガー社員を採用前に食い止める、もしくは採用した社員をシュガー社員に変身させないための事前対処法を、昨年（2008年）『シュガー社員から会社を守れ』（ＰＨＰ新書）という著書の中でまとめました。私の中で、シュガー社員に関するテーマはこれで一応の終止符を打ったつもりでおりました。

ところが、その後も全国から「我が社にもシュガー社員がいます。仕事は全くできず、覚えようとする気配すらありません。それでも企業の発展を考えると、彼らを戦力化していかなければならないと思っていますが、正直言ってこれまで出会ったことのないニュータイプで苦慮しています。できれば解雇は避けたいのですが、摩擦回避だけでは問題解決にはなりません。是非、シュガー社員でも戦力化できる方法を教えていただけないでしょうか」といった切実なお手紙やメールが跡を絶たないのです。

私も各メディアの記者さんや編集者さん、テレビ番組のディレクターさんなどから新たな情報をいただきながらお話を深めているうちに、さらに〈シュガー社員〉の問題について深く分析、研究していくことになりました。

そこで気づいたことが一つあります。

「シュガー社員は社会や企業、上司に対して不信感を抱き、あえて距離をとっている」

ということです。

では、なぜ彼らは距離をとるようになってしまったのか？

社員のモチベーションは賃金やポストだけで上がるものではなく、企業の性質、社内外を問わず、仕事を通して結ばれる絆や人間関係によって大きく影響してきます。それには、自分が所属する会社の基盤が強固であること、環境の整備が万全であること、ルールや待遇が公平でガラス張りになっていることなどが前提となってきます。

さて皆様は「ブラック企業」という言葉をご存知でしょうか？

くわしくは後述しますが、先に述べた前提が崩れている企業、希薄な企業を、今の若者達はこう呼んでいるのです。そして、気がつきました。シュガー社員とブラック企業……まさに、鶏が先か卵が先かというお話になってきますが、この二者が悪循環を生んでいるという事実です。

若手社員のモラルが問われると同時に、企業のモラルも問われている時代です。昨今、私達は、偽装問題や改ざん問題で、名立たる企業のご立派な肩書きの方々が、ご立派なスーツ姿で深々と頭を下げてお詫びしている場面を、さらには苦し紛れに、責任転嫁めいた発言をしている場面を何度目撃していることでしょうか。

そして2008年9月のリーマンショックに端を発し、内定取消、派遣切り、給与カットと雇用者にとって切実な問題が続発しています。社会の入り口にすら入れない若者、非正規雇用から失業を余儀なくされる若者に、自己責任か社会構造の不備か、はたまた中高齢を優遇した社会の犠牲者かといった議論が展開されています。特に派遣切り問題に関しては製造業への派遣そのものが悪法ではなかったのかと、国家を揺るがす問題にまでなっています。製造業への派遣が善いか悪いかは別として、仮に製造業への派遣を禁止したとしても企業は国際的競争力を維持するため、派遣というシステムに代わる期間工という形態で業務の繁閑に応じた雇用調整を行い続けるでしょう。

私が住む北海道の地は、冬の間は雪に埋もれてしまうので、建設現場などは雪解けまでしばし工事がストップします。建設業でも現場に関わる方は、ほぼ季節雇用という扱いになり、冬になると一旦失業して一時金という形で雇用保険から失業給付を受給します。もちろん、それで冬の間の生活がまかなえるわけではありませんが、冬に失業することは、その業務に従事している方は誰もが理解していることであり、渋々ながらも納得しながら働いているのです。しかし、いくら一時的な失業であって、春になれば仕事があるとはいえ、不安定なことに変わりはありません。その不安定さから言えば全国の製造業の期間工や派遣の形態も同様でしょう。企業からすると業務の繁閑に応じて、雇用量を調整するというのは経営上やむを得ないことでもあるのです。

もちろん、雇用の場がなくなるということで契約を更新してもらえなかった方は「次の職場、どうしよう」と不安な気持ちになるのは理解できます。しかし、「労働問題」と「感情論」は切り離さなければ解決への糸口は見えてきません。

中には、あえて派遣や季節雇用という生き方を選んでいる方も大勢いるでしょう。正社員になって会社のしがらみの中で生きたくない、春から秋まで休みなく働いて、冬は雪山でウィンタースポーツに集中したいといったライフスタイルを楽しんでいる方もいるのです。ですから、「とにかく派遣や期間工は悪い働き方だ」と認知されることに、どうも首をかしげたくなってしまうのです。

近年、それが「悪い」となってしまった一番の原因は、「本当は正社員になりたかったけど、なれなかったから仕方なく派遣になった」「本当は通年雇用を希望しているが、冬になると仕事がなくなって困る」という人達が急増したところにあります。

就職氷河期世代の方、企業が倒産して再就職がスムーズにいかなかった方、社会不況のタイミングにそうならざるを得なかった方達に関しては、次の雇用先がスムーズに見つかるよう行政と企業が何らかの対策を講じなければならないと考えます。

私は「社会人として、自己啓発に自分のお金や時間をかけるのは当然」と考えていますが、その前段階である「就職するために必要な技術や知識」さえも費用や時間の問題で、意欲がありながらも学べない方が大勢いることも事実です。札幌市では建設業に従事する季節労働者に対して、通年雇用に役立つ2級ボイラーや移動式クレーンなどの無料講習、建設業以外への就労をあっせんするため一般企業への見学会などをおこなっています。今までの業種や職種から転換することへの抵抗はあると思いますが、本人の気持ちの切り替えもこの不況時には必要なことではないかと思っています。

自動車業界、不動産業界などのリストラが正社員に及ぶのも時間の問題ではないかと推測されます。

「正社員を擁護し過ぎるから非正規雇用にしわ寄せがくる」

「正社員のクビを切りやすくしろ。そして能力のある非正規雇用者を正社員にできるシステムを作れ」

そんな「正社員ばかりを保護している」という声があがるようになり、「正社員受難」の時代が到来しつつあります。正社員であるから安心していられる時代ではなくなり、正社員という身分は確保できても、ワークシェアリングなどで給与の減額などに耐えなければならなくなるのです。一つの船に10人の乗組員がいて、パンが9個しかない場合、9個を10人で分け合うのか、一人を岸へ戻すのか。その対応を企業は迫られているのです。

果たしてマスコミで叫ばれている「企業の責任」とは何でしょうか？「正社員を守る」ということなのか、「非正規雇用を切るな」ということなのか。それぞれの置かれている立場によって責任の意味合いが大きく変わってくるのだと思いますが、少ないパンを今後どう配分していくのか。そのためには誰もが痛みを分かち合うことになるのだと思います。小泉改革の「痛み」はまだ続いていたのですね。

そんな企業に対する逆風吹きすさぶ中、「今また、なぜシュガー社員を？」という疑問を持たれた方もいらっしゃるでしょう。今はシュガー社員にかまっている暇などないという意見もあるかと思います。

〈シュガー社員〉という言葉がメディアに出始めた頃、このような声が聞こえてきました。

「僕は正社員になりたいけど、どんなに履歴書を送っても採用されません。今は派遣で働いていますが、シュガー社員を雇用する余裕があるなら僕を雇用して欲しいです。きっとシュガー社員より一生懸命仕事します」

正社員保護を盾に権利を主張し、周りに迷惑をかけるシュガー社員を雇用し続けるメリットが企業にはあるのでしょうか？

恐らくないと思われます。正社員だからといって向上心のないシュガー社員の教育に全精力を注ぎ込むのではなく、非正規雇用でも意欲のある人材を正社員として雇用できる人事制度を設けるのが、今後の企業にとってベストな労務管理だと思います。一度正社員になれなかったら負け組という構図は終わりにし、意欲ある人材を非正規雇用から見つけ出すことも必要でしょう。

入り口が違うだけで不安定な立場に置かれることは、ある程度仕方のないことと自責している彼らの陰で、正規雇用で入れてもらったから、後はよろしくね！的なシュガー社員。どう考えてもバランスが悪いのです。

しかし、上司の個人的な目線で「ああ、コイツはシュガー社員だからもう無理だろう」と結果を出してしまうのは早計です。本当に、本人にだけ責任があることなのかを本書にて検証していただきたいのです。そして、シュガー社員が発生してしまう土壌を洗い出して下さい。

「おいおい田北さん、今まで若手社員に問題があると言っておきながら、今度は企業を責めるのか」と思われる方もいらっしゃるかもしれませんが、そうではありません。皆様がシュガー社員と思われている社員が真性のシュガー社員なら、どこかであきらめるしかありません。しかし、もしそれが見当違いであれば……それは企業にとっての大きなマイナスとなります。企業の労務管理が時代にそぐわない、旧いルールがいつまでも支配している、新しい事に全く対応できない、そのような旧い体質を持つ企業に入社した若手社員が、もしかしたら、「企業革新を」と試みている結果かもしれないのです。それを「生意気だ」「10年早い」と一蹴してしまえば、もしかしたらこれから会社のためにグングン伸びる可能性のある優秀な若手社員さえも、プリズンブレイクしてしまうかもしれません。まずは次のポイントを検証しましょう。

・シュガー社員だと思っていた若手社員は本当にシュガー社員なのか？
・シュガー社員だとしたらすぐにあきらめてしまった方がいいのか？

・それとも時間をかけてでも戦力にした方がいいのか？
・戦力化するにしても今までにはいないタイプでどう接していけばいいのか？
ただし、シュガー社員といっても、その個性も能力も十人十色。しかしながら、自分にも、仕事にも、世の中に対する考えも甘いのが共通点。その〈糖度〉によってはーーほんのりした甘さのシュガー社員であれば、企業の努力、管理職の方々が愛情を込めて教育し、戦力に変えていくこともできます。

前著では、シュガー社員をタイプ別にご紹介しましたけれども、本書では糖度についても考えていきます。一度採用した若手社員が、反抗的＝シュガー社員ではないかもしれないのです。本書では皆様が手を焼いている若手社員の糖度を検証し、育てるべき若手社員なのか、どこかでお別れしなければならない真性シュガー社員なのかの見極めをします。実は、『シュガー社員が会社を溶かす』を出版した際に、版元のホームページにて、〈あなたのシュガー社員度チェック〉なるものを作りました（ブックマン社ホームページhttp://www.bookman.co.jp）。それはあくまでも、自己申告用。ここでは、あなたが部下の〈シュガー社員糖度〉をチェックして下さい。

また、後述にて、あなたの会社の〈ブラック企業度〉チェックもご紹介しております。

あなたの部下の〈シュガー社員糖度〉チェック

それぞれの質問をあなたの部下にあてはめて、ＹＥＳ／ＮＯでお答え下さい。合計点がそのまま糖度になります。

●挨拶がなっていない。
ＹＥＳ（２点）　ＮＯ（１点）

●新聞を取っておらず、世の中の情勢に興味がなさそうだ。
ＹＥＳ（２点）　ＮＯ（１点）

●本当は○○社に入りたかった、と言っているのを聞いたことがある。
ＹＥＳ（２点）　ＮＯ（１点）

●私の夢は他にあるのでこの会社にはせいぜい5年くらいいたい、といったような完全な腰掛けモードだ。
YES（2点） NO（1点）

●仕事のミスを注意しただけなのに、「怒鳴られた」「キレられた」と周囲に喧伝されたことがある。
YES（2点）NO（1点）

●育ちがいいことを自慢する。または、育ちが自分より悪い人間を馬鹿にする。
YES（3点） NO（1点）

●本来なら、私はこんなところでくすぶっている人間ではないという態度を出し、基本的に会社を馬鹿にしている。
YES（3点） NO（1点）

●社内では、自分より能力がある人間よりも、能力がなさそうな人間とつるもうとする。
YES（3点）　NO（1点）

●周囲が忙しそうにしていても、「何か手伝えることがありますか？」と言ってきたことがない。
YES（3点）　NO（1点）

●一生懸命な態度を出すよりクールに振る舞うことがかっこいいと思っているフシがある。
YES（3点）　NO（1点）

●仕事に役立ちそうな本や情報誌を読むようにすすめても、全く乗り気ではない。
YES（3点）　NO（1点）

●男性社員であれば女性社員に対してどこか馬鹿にした態度をとり、女性社員であれば男性社員のルックスや地位によってあからさまに態度を変える。
YES（3点）　NO（1点）

●明らかな失敗やミスをすぐに報告せず、隠蔽しようとする。
YES（4点）　NO（1点）

●「上から目線」という言葉を頻繁に使う。
YES（4点）　NO（1点）

●こちらの指示に間違いがあった場合、その間違いに部下当人は気づいていたはずなのに、「言われたとおりにやりましたけど、何か」としれっと返されたことがある。
YES（4点）　NO（1点）

●当然若手がやるべき仕事を頼むと、「なぜ私がやらなければいけないのですか？」と言葉にするか、あからさまに態度に出す。
ＹＥＳ（４点）　ＮＯ（１点）

●上司や会社の欠点、問題点を他社（もしくは他の部署）の人間に喋っている。
ＹＥＳ（５点）　ＮＯ（１点）

●このチェックにあてはめた社員には、かれこれ３年以上手を焼いている。
ＹＥＳ（10点）　ＮＯ（１点）

合計点はいくらでしたか？　あなたの部下の糖度は以下のとおりです。

●糖度22点以下

シュガー社員ではありません！　真っ当社員です。安心して下さい。

●糖度23点〜33点

〈甘さ控えめシュガー社員〉十分更生可能です。育てましょう。

●糖度34点〜43点

〈大甘シュガー社員〉教育は難しいですが、やってみる価値はあります。

●糖度44点以上

〈真性シュガー社員〉それでも戦力として育てなければいけないですか？　一人で抱え込まず、もう一度社内で話し合ってみるべきです。

第一章

一番危険な若手社員、キング・オブ・シュガー社員とは？

シュガー社員は5つのタイプに分かれる

前著『シュガー社員が会社を溶かす』ではシュガー社員を5つのタイプに分類し、それぞれの特徴と対処法をまとめました。

出版後、さまざまな情報が寄せられましたので、前著に書いていないことも今回新たに追加しながら、その特徴をあらためてご紹介します。

ヘリ親依存型シュガー社員

ヘリ親とはヘリコプターペアレンツの略名として以前、雑誌『宝島』で紹介された造語です。アメリカでは過保護な親をヘリコプターペアレンツと呼んでいます。親が子供の頭上で常時ホバリングしながら待機し、子供に何かあると急降下して会社にクレームをつけます。自分の子供を他の子とは違う、特別な存在として疑わないため、会社にも「我が子をどうして特別扱いしてくれないのか」とゴネることもあり、会社からすると別の意味で「特別な存在」になってしまいます。裕福な家庭の子供に多いようで、自らを「勝ち組」と意識している親のもと、蝶よ花よと育てられ、気がつけば親にべったりと依存、家事を手伝ったこともほとんどなく、成人になっても何事も自分で判断できないシュガー社員ができ上がってしまいます。

ヘリ親は意に沿わない報告を子供から受ければ、「なぜ、ウチの子だけ転勤させるのか」「時間外勤務をさせるなら親の許可を取ってからにしてくれ」などと会社にクレームをつけてきます。企業コンプライアンスが完璧でないとわかると、「出るところに出てもいいんですよ」と訴訟をチラつかせることもあるでしょう。たった一つの小さな落ち度から、ヘリ親に「おたくはブラック企業だ！」と烙印を押されてしまう可能性も大いにあるのです。

【対処法】

①ヘリ親は企業を取り巻く法律を熟知していることが多いため、感情論だけではなく、我が子の会社の落ち度を徹底的に責めてきます。父親は大企業に勤務しているケースが多く、自分の会社と我が子の会社を比べ「おたくの会社はここがおかしい」というような言い方をしてくるので、労働条件を整備することが必要です。

②シュガー社員当人には、ヘリ親から独立を促すことが先決です。ただし、体育会系のノリにはついてこない場合が多いので、王子様、お姫様のように扱いながら、仕事のおもしろさと主体性をじっくりと教え込みましょう。

③それでもクレームをやめない親には、「このままでは、お子さんには大事な仕事は任せられない」と釘を刺しましょう。

【見極め】

親からクレームが入ったことを本人に伝えましょう。「えっ、ウチの親がそんなことを。それはすみません」という反応であれば前記の対処法と愛情豊かな教育で真っ当な社会人になる可能性は残されています。しかし「ええ、そうなんですよ。私もそう思っているのです」と事の重大性に気づいていないようであれば、骨の髄まで親に砂糖漬けにされていますので教育は困難と思われます。

俺リスペクト型シュガー社員

リスペクト＝尊敬する。要は自分のことが一番好きで正しいと自負し、とことん自身の才能を信じており、他人のことや会社のことはどうでもいい、という考えが最も強いタイプです。目上の人を敬うという発想も培われていないので、上司を尊敬するはずもありません。

昔、エステのコマーシャルで、「私、脱いでもすごいんです」というセリフが流行したことがありましたが（三〇代以上の読者でないと通じないかもしれませんが）、さしずめ〈俺リスペクト型〉は、「私、会社員という仮面を取ったらすごい人間なんです」という心理状態で働いている場合がままあります。しかし、そんなに能があったとしても、彼らは爪を隠しません。ちょいちょい爪を顕示したがります。

「俺って、実はすごいヤツ。本来はこんな会社にいるべき人間じゃないし、あんたみたいな人に指図を受けるような器じゃない」という本心が、言葉の端々から滲み出てしまうのです。「俺さ、たまたま不況で就職難だったから、こんな会社に入っちゃったただけなんだよね」と、自分がこの会社にいる理由を、不況のせいにすることもしばしばあります。事実、偏差値の高い大学の出身者が多く、ＩＱも高いのです。これで仕事ができるのならば、どんなに態度が大きくても、文句はありません。ここでいっている〈俺リスペクト型〉というのは、その態度とは裏腹に仕事ができず、わからないことがあっても上司に相談することなく独断で進行してしまい、後で不具合が生じてしまう問題社員のことです。

ただし、この会社に入ったのは不況のせいというのと同じ発想で、自分がうまく仕事をこなせないのは上司の教え方が悪いからなのだと、１００％自分に非はないと思っているフシがあります。自分からは何も相談しなかったわりには、上司が俺へのサポートを怠った、俺の使い方を間違えている、と結論づけてしまうようであれば、残念ながら成長など見込めませんね。

褒めて育てようと思っても、このタイプに限っては難しいでしょう。褒めれば褒めた分だけ増長し、叱れば叱った分だけ逆恨みするため、非常に教育が困難なのです。

【対処法】

今書きました通り、とても困難です。

これだけ景気が傾いているにもかかわらず、俺だけには薔薇色の未来が無条件に待っていると確信しているなど、意外と幼稚な（良く言えばポジティヴな）面もあって、なかなか向上心を持ってもらえません。いえ、あるにはあるのですが、あくまでもアクセサリーなのです。ステップアップというよりも、「これをやるとカッコイイ」とか「この資格を持っているとモテる」とか、向上心とは似て非なるものがちょこんとのっかっているだけなのです。

また、上司だろうが取引先の人だろうが自分よりも仕事ができないと位置づけると、相手を馬鹿にする傾向が見受けられます。自分には甘いのに、他人には非常に厳しいため、このタイプには今までと同じマネジメントは通用しません。くわしくは後述します。

【見極め】

仕事のミスを注意した場合、反省の色がなく自分に責任はないという態度がありありです。さらに注意した上司を逆恨みするようであれば、その上司の言うことには一切耳を貸さなくなります。上司や先輩の言うことを素直に聞けない若手社員には、大きな成長はほとんど期待できないのです。

プリズンブレイク型シュガー社員

プリズンブレイク＝脱走。

嫌なことからはとことん逃避する。「この仕事は自分には向いていません」「思っていた仕事と違いました」と短い期間で転職を繰り返すのが〈プリズンブレイクI型〉。

さらには退職して欲しいけれど、なかなか退職してくれないのが〈プリズンブレイクⅡ型〉。このタイプになると、仕事を頼まれると、最初から「私にはできません」と断るか、期日ぎりぎりまで放っておいて「やっぱりできませんでした」と、周囲を慌てさせることの常習犯である場合が多いのです。仕事を頼んだとき、「一人でできそうですか？」と尋ねると、「多分大丈夫です」と曖昧な返事が返ってきます。

【対処法】

採用前に水際で食い止めることが一番容易なのがこのタイプです。中途採用の場合、〈プリズンブレイクⅠ型〉は履歴書や職務経歴書からその傾向を見つけ出すことができるでしょう。転職の回数だけではなく、その度に職種がバラバラだったりする場合は、面接時にしっかりと話を聞き出す必要があります（詳細は拙著『シュガー社員から会社を守れ』ＰＨＰ新書刊も参考になさって下さい）。

万が一採用してしまった場合、壁にぶちあたるとすぐに逃避するため、丁寧な仕事の指示が必要です。ちょっと叱ると、どんなに忙しい時期であっても、翌日に熱を出して休んでしまうこともこのタイプに一番多く見受けられますから、叱りっぱなしはよくありません。叱った後は、ランチに連れ出すとか、何かおやつを買ってあげるなど、わかりやすい「アメとムチ」が有効と思われます。また、このタイプは、何かにつけ反応が薄いので、何を考えているかよくわからないことが多いのです。あまり感情を外に出さないので、叱った後も、反省しているのか、していないのかが見てとれません。しかしどんなに素っ気なくされても、君のことはちゃんと気にかけてあげているよ、という姿勢を見せるよう心がけてください。

【見極め】

本人にとっての「嫌なこと」が本当に誰でも嫌がることなのか、わがままな言い分なのか見極めて下さい。また本人がそれを断った場合、他の社員にしわ寄せが行くことも伝え、その反応次第では糖度１００％と認識してもよいでしょう。

ワンルームキャパシティ型シュガー社員

一見、シュガー社員には見えません。真面目でコツコツやってくれているように見えます。態度も悪くなく、挨拶や電話対応なども結構しっかりできるはずです。しかし、仕事におけるキャパシティが狭いのです。仕事量というのは、経験によって増やせるものです。しかしこのタイプにおいては、どんなに経験を積んでもマニュアル通りにしか動けないようです。〈ワンルームキャパシティ型〉の辞書には、「臨機応変」という言葉がないのです。

仕事ができるようになる、というのはすなわち、経験値をいかに活かすかということに繋がります。しかし、このタイプは経験者募集枠で採用したとしても、まるで新人としか思えない振る舞いをするのです（ある意味、いつまでも初々しいとも言えますが）。教わったこと、マニュアル外のことが発生するとパニックになり、優先順位を確実に間違えます。

また、ステレオタイプな価値観で物事を深く考えず、判断基準も微妙です。小心者タイプが多いため、伺わなくてもいいところで、上司の顔色を伺っています。「なぜすぐに報告しないんだ？」と注意すれば、「昨日は課長がすごく機嫌が悪そうだったので、報告するのは後日にしようと思いました」としどろもどろになります。

もっと自分で考えて行動しなさい、と忠告すると、「でも、この前は勝手な判断はするなと言われたので」と弱々しい反論をします。前回と今とでは違うレベルの話をしている、ということがわからないのです。そして、上司の言っていることはいつもコロコロ変わるから参ってしまう、と結論づけてオシマイです。少し考えれば分かるでしょう？という諭し方は通用しません。口癖は「そんなこと、最初に言われていませんけど」です。

【対処法】

悪い子ではありません。ただし、無理な成長を願うのはやめましょう。損得勘定で考えれば、ハイリスク・ローリターンな人材です。つまり、ローリターンだからとがっかりするよりも、低金利ながら返ってくるという保障を信じて育てていくしかありません。投資信託やＦＸではなく、彼らは信用金庫の積み立て商品のような性格なの

です。上司の方々は、残念ながら短気を起こすだけ無駄です。

まずは身の丈にあったルーティンワークだけを与えましょう。このタイプは向上心が低いため、ライバルがどんどん手柄を取ってきても、あまり動揺しません。だからこちらも、カリカリせずに「今のままでいいんだよ」とおおらかな気持ちで接することが大切です。

仕事を渡すときも、ミスパターンを事前に把握した上で「ここで間違いが起きやすいから気をつけて」とか、「ここまでできたら教えて」と進捗状況を確認しながら行いましょう。仕事の基本、「ホウレンソウ」の精神に立ち返ってみて下さい。ただし、小心者で傷つきやすい性格の場合が多いので、「お前はすぐここでミスをするから気をつけろ！」という言い方よりも、「たいていの人は、ここでミスをするからあなたも注意してね」という言い方が有効です。また、仕事をこなした場合は、うるさいくらいに「そうか！　やってくれたのか！　ありがとう‼」と言うのも手です。自分が会社の役に立っているのだ、と思わせることが大切です。くれぐれも、「自分で考えながらやってみて」といった丸投げは避けること。あたたかく見守れば、間違った方向には行きません。

【見極め】

マニュアルだけの業務であれば問題はありませんが、マニュアル外のことが発生しても全く今までの経験値が活かされない、そして単純作業ばかり目を輝かせながらやっているのであれば、このタイプであることに疑いをはさむ余地はありません。さらに、仕事のおもしろさをわかって欲しいと願うあまり、難易度の高い仕事を渡した場合、良い成果がでないこともあるでしょう。

伸びる社員であれば「悔しい」「今度こそ」と思うのですが、「こんなやったこともない仕事を私にさせるなんてどうかしている」と反発するようであれば見込みはありません。

私生活延長型シュガー社員

ワークライフバランスという言葉を盾にとり、実はアンバランスに私生活を優先させるのがこのタイプです。業種や年収の額に関係なく、「働くとは生活費を稼ぐこと」という以外に目的を見出せずにいる場合が多いのです。もちろんこれは正論です。その価値観を否定することは誰にもできませんが、自分の都合で業務に支障をきたすことに、なんの罪悪感も持ち合わせていないため、周囲を困らせます。

遅刻や欠勤が多く、恋人とケンカしただけでも会社を休むようなタイプです。もしくは出社しても一日中使い物にならなかったり。業務中にもかかわらず、ずっとネットでレストラン検索していたり……というわけで、成果報酬型の企業にはそもそも存在していないでしょう。「会社とは、何もしなくても、ただ席に座っていればお給料を貰えるところ」という価値観がどこかに見え隠れしています。こうすれば会社の利益に繋がる、自分を高められる、お客様から喜んでもらえるという発想は皆無です。デスクに置いてある卓上型カレンダーには、毎月の給料日と、家族や恋人の誕生日にだけ印がしてあります。

あくまでも補助的な業務で雇用したのであればいいのですが、基幹社員として雇用するには一番リスクが高いでしょう。仕事にはどんどん私生活を持ち込みますが、私生活には一切仕事を持ち込みません。10分でも業務が延長したり、時間外に仕事の電話をしようものなら怒り狂い、事務所の電話やインターネットは私用でバンバン使っているにもかかわらず、携帯電話使用料を要求してくることもしばしばです。

【対処法】

会社から貰えるものは、自分が誰よりも一番多く貰わなければ気が済まない――どのタイプのシュガー社員よりも権利意識が強く、退職後に不当性を訴えることも多いようです。経営者側は人事労務の知識を万全に会得し、社員から突っ込まれないようにしなければなりません。ハードワークを好まないため、業界独特のルール（締め切り前は残業が続く、日曜日に休めない等）がある場合は、事前にしつこいほど告知しておくことが必要でしょう。

【見極め】

「自分がいなくてもなんとかするのが会社の役割」などと平気で言い放ち、仕事が一人前でないにもかかわらず、周りへの気遣いが一切ない場合は戦力化は難しいでしょう。

……
だって—
あと3分で終業だから長電話になったら損するもーん♪
おーい
RRRRR
ぐるなび
早く電話とってよ!!

一番やっかいなのは、やっぱり〈俺リスペクト型〉

さて、ここまで、5つのタイプをご紹介してきました。

管理職の方々からいろいろなご相談を受ける中で、更生の難しさという点から言えば、一番難しいのは〈俺リスペクト型〉である、という結論に至りました。冒頭でご紹介した、〈シュガー社員糖度〉チェックですが、私の今までの経験上、〈真性シュガー社員〉のほとんどが、タイプでいうと〈俺リスペクト型〉+〈他のタイプ〉=《混合型》にあてはまることに気がついたのです。

他のタイプでいえば、〈ワンルームキャパシティ型〉は上司からの成長への期待自体を苦痛に感じます。マニュアルだけの単純作業をきっちりこなすだけでよい立場に置けば摩擦は起こりません。〈私生活延長型〉は自分にスポットが当たる仕事を嫌います。責任をもって最後までやりとげなければならない仕事に嫌悪感を抱きますので、誰でも代わりができる小さなポストに置いておくのがベストです。

しかし、このタイプに〈俺リスペクト型〉の要素が加わるとどうなるか。

単純作業をこなすだけで「自分は仕事ができる」と勘違いし、仕事の手抜きをしたいから「こんな仕事はバイトか派遣にさせて下さい」と言い出すようになります。〈プリズンブレイク型〉に〈俺リスペクト型〉が入ると、「この仕事は自分がやるような仕事じゃありません。他の人に回して下さい」と言うようになります。

組織で働くということは、何はともあれ、他者への尊厳や思いやりをもって行動することが前提です。お互いが助け合い、カバーし合うことで一人では生み出せない大きな結果を出すことができるのです。しかし、上司と部下がここで50／50のカバー力を持ってしかるべきだ、と考えるのは間違いです。若手社員は、経験や人脈が培われていない分、上司から教わることやカバーされることが多くて当然です。また、入社数年は企業から先行投資されているような状態です。会社にとって明らかな黒字をもたらしているとは言えないでしょう。本来なら、そういう自分の立場を理解し、周囲に対しての感謝や気遣いがあって当然なのですが、大学を出るまで一度も叱られたことがなく、やりたいことだけを親のお金でやらせてもらい、いつも手厚いサービスの受け手側にいた彼らは、自ら奉仕をするという発想がそもそもありません。

奉仕をし、人に喜ばれることがすなわち仕事の喜びに繋がるということがイメージできないのです。

さて先日、あるテレビ番組の特集で、「なぜ、若者達はすぐに会社を辞めるのか」というテーマで覆面座談会を行っていました（顔にはぼかしが入り、音声は変えてありました）。その中のある二〇代前半の男性、A君の発言には、これだけシュガー社員問題を扱っている私すら絶句してしまいました。

インタビュアー：あなたは会社を2カ月で辞めたんですよね。辞めた理由は何ですか？

A君：パワハラされたんすよね。

インタビュアー：パワハラとは、例えばどんなこと？

A君：なんかー、新人は一番早く出社しなきゃダメとか言うんですよ！　フフッ（音声を変えながらも、ね!?あり得ないでしょ、と当然同意を得られると思っているに違いない笑い声）。

インタビュアー：それはパワハラなのかな？

A君：あとー、わからないことがあっても何も教えてくれなかったりしました。

インタビュアー：それはあなたが質問をしても教えてくれなかったの？

A君：いえ。

インタビュアー：自分から質問したことは？

A君：自分から聞いたときは、さすがに教えてくれましたけどね。でも超上から目線だったりしたし。

シュガー社員が言うパワハラの定義とは？

私はこのA君の背景を何も知りません。もしかしたら本当に理不尽極まりないパワーハラスメントがあったのかもしれません。しかし、違う可能性も考えられます。その会社は、今までごく当たり前のルールとして、「新人は始業時刻の5分前には出社し、電気と空調のスイッチを入れて、業務開始時間ジャストにかかってくる電話にも出られること」ということを毎年どの新人にも言ってきたのかもしれません。しかしそれがこの男性には納得できなかった。どうして俺だけ先に来いとか言われなければならないんだ？　俺だけ損していないか？　これってパワハラじゃね？　上司も超上から目線だし、ここってブラック企業じゃね？

こういう時、〈俺リスペクト型〉は、自分がまだ何もできない新人だから、雑用も引き受ける立場にいるとは考えません。相手が先輩だろうが上司だろうが、自分だけ損をさせられているのだと気分を害します。仕事のやり方で困っていることを周囲が察してくれないのも同様。自分から聞きに行く、という発想がないのです。そりゃそうです。今まで自分が通っていた学校や、塾や習い事は、黙っていても（というか、黙っていれば）自分の顔色を察した先生や先輩が「どうしたの？」と机のそばまで来てくれた。それなのに、この会社の上司は俺が黙っていても、何も察知してくれない。これはおかしい！　ブラックだ！と。

また、私が相談を受けたクライアントの中にはこう言ってため息をつく人もいました。

「明らかに仕事のやり方をわかっていない様子だったので、『わからないことがあったら、何でも聞きなさいよ』とくどいほど忠告しているのですが、それでも全く相談に来ないのです。トラブルがあると、机に座ったままフリーズしています。さすがに少し腹が立ち、『そうやって何もしないでいる時間がもったいないだろう？　あなたにとっても、会社にとってもそれは無駄な時間なんだぞ』と言うと、彼は口をへの字にしてこう反論してきました。『相談できるくらいの知識があれば、最初から困っていません。なんて相談すればいいかわからなくて困っているのに、そんな突き放した言い方をされたら、余計困ります』と。

しかしこちらは、彼が何で困っているのかすらわからないのですから、そこから先に話が進まないのです。彼が持っていないのは仕事の知識ではなく、コミュニケーション能力だと思うんですよ。それでも、我が社の社員教育がなっていない、ということになるんでしょうか」

これは本当に頭の痛い問題です。

週刊誌『ＳＰＡ！』の調査によれば、今の二〇代は、悩みがあったときに一番先に相談するのは親友でも恋人でもなく、検索サイト「教えて！ｇｏｏ」の悩み相談室だという報告もあります。

仕事の悩みも人生の悩みも、検索バーにキーワードを2つ、3つ入れれば、自分と似たような状況の対処法に出会えるため、それを見て納得するのだとか。確かにそれが習慣化されれば、自分が悩んでいる状況すら、単語でしか発せられず、上司に相談できない若手社員が出てきてもおかしくはありません。それを察してくれない上司が冷たい、教育してくれない……若手社員にとってのパワハラの定義は日に日にその幅を広げているようです。これからは、若手社員の悩みを聞いてあげるということより、何に悩んでいるのかを、少ない語彙や素振りから察してあげる、ということが上司にとって求められています。特にシュガー社員の場合、プライドが高い分、自分が得意な分野については大変饒舌になりますが、自信がないことについては貝のように口を閉ざします。たとえ上司であっても、「それは間違っている」と指摘されることが怖いのです。特に、〈俺リスペクト型〉にはこの傾向が強いようです。仕事のやり方を「違う」と指摘しただけで、自分を否定されたと思ってしまうのです。否定されたと思った後は、「だったら最初に言ってくれよ」と上司への憎しみや怒りだけを記憶します。指摘しただけで憎まれたらたまったものではありませんね。もしかすると、「一体、何を悩んでいるんだ?」と聞いただけでも、「わからないことを言わされるなんて、パワハラかも」と過剰に反応される可能性すらあるのです。

あなたの部下の〈糖度〉が高いほど、どんなに些細な指摘でも、一人でするのは避けた方がいいでしょう。あなたのパーソナリティを否定しているわけではないよ、という前提のもとで複数の上司からの指摘を受ければ、「私にも少し落ち度があったのかもしれない」と少しは自省してくれるはずです。

自分は人とは違う、という価値観のもとで

日本人の美徳とされているのが、「謙虚」であるということです。

自分の妻を褒められて「いやいやあんなの、愚妻です」と言ってしまうのは謙虚過ぎてうっとうしいものに映るかもしれませんが、〈俺リスペクト型〉シュガー社員の振る舞いを見ていると謙虚に振る舞うというのは、やはり大切なことだと痛感させられます。

ここで一つ、私が相談を受けた〈俺リスペクト型〉＋〈プリズンブレイク型〉のトラブル例をご紹介しましょう。

＊＊＊＊＊＊＊

※個人名は仮名

ＩＴ関連企業のＡ社の社長、宇佐美誠にＯＡ機器メーカーの元役員・小林淳から「お願いがある」と連絡が入りました。小林の依頼というのは自分の息子の就職の件でした。

「私の息子は今34歳で東京に住んでいるのだが、大学を中退して自分でＩＴ系の会社を立ち上げた。私もその頃は現役だったので息子の会社が軌道に乗るよう関連企業に取引をお願いして息子の会社を大きくさせた。ひと頃は海外にも支店を出していたんだ。

しかし私が定年で退職すると私に力がなくなったのをいいことに関連企業が次々と息子の会社との取引をやめ始めたんだ。それで息子の会社はあっという間に倒産に追い込まれた。ひどい話だろう。息子は監査アナリストの資格も持っているし、ＩＴ関係には秀でている。学生時代は会計士を目指していたから経営にもくわしい。君の会社で社内ベンチャー制度を立ち上げたんだろう。どうだ、私の息子をその部門の責任者にしてみては」

相談というわりにはかなり強引な言い方でしたが、小林の話を聞くうちに、息子の優秀さがとても魅力的に感じて、宇佐美もだんだんその気になってきます。

「ウチの会社も社員数100名規模にはなりましたが、地元の子が多いせいかおっとりしていて競争心に欠ける。東京でガツガツお仕事されていた方であれば社員にもいい刺激になるかもしれませんね」

そう言うと小林も、

「それなら話は早い方がいい。息子に連絡をいれて面接に来させるから」

と、すぐさま息子に連絡を入れました。

「あ、お父さんだ。今北海道でお父さんの旧くからの友人が経営している会社にお前のことを頼んでおいたから。早々に面接にこっちへ来なさい。飛行機は取れるだろう。スーパーシート？　ああ、わかってるわかってる。ちゃんとしたスーツあるだろ？　それから床屋に行けよ。ああ、日にちが決まったら連絡するから。待ってなさい」

そう言うと電話を切り、上機嫌で宇佐美に言います。

「いや、これで宇佐美君の会社も安泰ですよ。息子は海外留学の経験もあるので、ものおじしない社交的な性格なんです。他にも、息子に来て欲しいという会社はいっぱいあったんですが、ほれ、東京だと……息子も人付き合いが多過ぎて、仕事がやりにくいみたいで。それでまあ、北海道にいる宇佐美君を思い出してね」

宇佐美の会社は小林が役員をしていた東京の会社からＯＡ機器の商品を仕入れていたのですが、メーカーの役員である小林の立場が上だったこともあり、宇佐美は腰の低い姿勢を崩しませんでした。その腰の低さは小林が役員を退任してからも変わらず、それが小林にしてみれば企業という枠を超えた付き合いができたと認識し、心底嬉しく思えたのです。

さて翌週、小林の息子、小林良太が宇佐美の会社へ面接にやって来ました。見た目は確かに好青年です。背が高く整った顔立ち、はきはきとした話し方は好感が持てました。しかし人事部長の小川と言葉を交わしている姿を見るうちに……宇佐美の頭の上にクエスチョンマークが浮かびます。

「ご存知かどうかわかりませんが、ワタシは東京では高輪というところの高級タワーマンションに住み、車は左ハンドルでした。あ、ドイツ車ですが名前は言うといやらしいので言いませんけどね。ま、会社がダメになったので今は違いますが、そういう暮らしをしていたんです。この度、父に言われて御社が是非私に働いてもらいたいとということでわざわざ北海道まで来たわけですが、私の能力が活かせる企業であることを希望します。

今までも何社か面接を受けたのですが、私の経験や資格や収入を見て、どの会社も驚いてしまうんですよね。担当者が『ごめんなさい。ウチはあなたにふさわしい会社ではありません』って。いや～、ふさわしいか、ふさわしくないかは先方ではなくて、ワタシが決めることだと思うんですけどね～」

宇佐美は首をかしげます。首をかしげるも、あまりに自信たっぷりな姿を見ると「もしかしたらものすごい仕事をしてくれるかもしれない。鼻っ柱が強いが、若いうちはこれくらい威勢がいい方がいいのかな」と思ってしまったのです。

人事部長の小川は普段は貫禄たっぷりですが、宇佐美の友人の紹介ということもあり、会社の規模や事業内容などを丁寧に説明し、「このような会社ですが、小林君にふさわしいでしょうかね」と普段とは全く違う腰の低さでした。

さっそく良太は宇佐美の会社に入社します。宇佐美は立ち上げたばかりの社内ベンチャー室の副室長に良太を据えました。入社初日、良太は皆の前で軽く挨拶をし、自分の席に座ります。経営者を経験していただけあって、堂々とした貫禄たっぷりの立ち居振る舞いに女性社員もアツいまなざしを向けます。

ベンチャー室では新しい電話回線を引いたためネットやメールの設定が必要でした。良太は「業者を呼ばなくても私がパソコンの設定までできますから」と言い、頼もしいかぎりでした。NTTに電話するまでは。

良太が設定を始めて数分後「あれ〜おかしいなー。まだ回線がきていない。ちょっとNTTに電話しますね」。そう言ってサポートセンターに電話をし、その途中で豹変したのです。

「だから〜、さっきから言っているだろ。そっちの設定が間違っているんだ。こっちを素人だと思ってバカにするな。ワタシは監査アナリストだぞっ。アタナよりくわしい者なんだっ」

大きな声で叫ぶため、皆が良太に注目します。注目されたせいか、彼はさらにヒートアップし、「いいか、今から5分後に接続されていなければアナタの上司に進言するからな。こんないい加減な人間を応対の窓口に座らせるなってね！」と、乱暴に電話を切りました。

その後、急に穏やかな顔になりました。室長の石田が恐る恐る尋ねます。

「君、今、ウチの会社名を名乗っただろ？」

「ええ、言いましたよ」

「会社名を言っておきながら、そんなぞんざいな対応をするの？」

「だって相手が悪いんですよ。こっちを素人扱いするから」

「だけど、今の電話はちょっと失礼じゃないだろうか」

「え？　ああ、そうですかねえ」

ちょっとムッとした様子でしたが、すぐに気を取り直した良太は「ま、気をつけますわ」と言い、その日はそれで収まったのです。

翌日、契約が目前に迫っているお客様の営業に良太を同行させた石田室長は、またも彼の言動に度肝を抜かれます。そのお客様は四〇代の女性で、自社のホームページを宇佐美の会社に依頼するかどうか迷っていました。システム設計だけでかなりの金額になるので、開設後、それだけの利益が出るのか自信が持てず迷っていたのです。それでも石田が足繁く通い、説得を重ね、やっと契約寸前まで漕ぎ着けたところへ良太を同行させたのですが、その大切なタイミングでまたもや良太の口から信じられない言葉が飛び出しました。

「このホームページを開設したら、顔のシワの手術代くらいすぐに稼げますよ」

女性の眉がピクッと動くと同時に目に怒りがこみあげてきたのがわかります。ピーンと張り詰める冷たい空気。しかし良太は気にも留めず、

「いやいや、それくらいきちんと利益が出ますってことですよ」

涼しい顔で無礼な言葉を重ねる良太に、女性もプチッと何かがキレたのでしょう。

「大変申し訳ございませんが、この契約はもう少し考えさせて下さい」

契約は白紙に戻りました。

石田が次の訪問先に向かう車の中で良太に注意しても、

「東京のジョークがこちらでは通じないんですかね」

と全く意に介しません。良太に恐ろしさを感じた石田は次の訪問先では一切口を開かぬよう釘を刺したのですが、ここでも良太は子供が非行に走ってしまい困ったという父親の世間話に割り込み、「ほらほら、よく言うでしょ。子はカスがいいって」と誰も笑えないダジャレを口走り、クライアントを激怒させました。

帰りの車中で良太をたしなめるも「ワタシは場を和ませようとしただけ。シャレが通じない相手ですね」とやはり反省の色が全くありません。

『これでは営業は無理だ』

そう思った石田は宇佐美に今日の出来事を報告します。頭を抱える宇佐美。「あれじゃあ人前に出せません」と言う石田に返す言葉がありません。仕方がなく宇佐美は出張の際、運転手として良太を車に同乗させました。車の中でいろいろ話した方がよいと判断したのです。冬の北海道。道路は凍結してツルツル路面。しかし良太はスピードを落としません。

「スピード落とせ。スリップしたら大事故になるぞ」

「ワタシにはテストドライバーの友人がいて、テストコースで冬道は一緒に体験しています。凍った道でもワタシが運転すれば乾いた道同然ですよ」

良太はハンドルを握りながら自分の自慢話を延々と始めます。

「○○税務署の署長は友達なので、私を怒らせない方がいいですよ」

「海外旅行は常にビジネスクラスで年に3回行っていたし、隣に居合わせた芸能人ともすぐに友達になったりしますね」

「買い物でプラチナカードを出すと一瞬皆さんが怪訝そうな顔をするんですよね。見たことない人が多いらしいですね。いつも会計はそれで手間取っていました。今はカード返せってカード会社に言われたので返してやりましたけど」

良太の話はすべて過去形です。

宇佐美が口を開きます。

「君は会社がうまくいかなくなって僕の会社に来たはずだ。その原因はいろいろだとは思うが、今は組織の一員として物事を考えて欲しい。才能もあるし頭もいい。惜しいじゃないか。今までの栄光はすべて忘れて新たな気持ちで取り組んで欲しい」

良太にしてみれば優秀な自分が立ち上げた会社が倒産し、まだ現実を受け入れられない状態で父親に言われるがまま北海道の企業に就職し、自分なりには貢献できると考えていたのでしょうが、空回りするばかり。ボタンをどこかで掛け違えた――ワタシはこんなに優秀なのに、この人達のレベルが自分に合わない――そう思うも宇佐美の言葉は良太の胸に何かグッとくるものがあったのでしょう。素直に「はい。社長……。そうですね」。そう言うか言わないかの瞬間、スピードを出し過ぎた車はスリップして対向車線にはみ出しました。

ツルツルと凍った路面を車が一回転し、崖下に転落寸前でタイヤが引っかかり車は止まったのです。右側に大きく傾いた車。ちょっと動けばバランスを崩してそのまま転落しそうな状態です。車内で動くこともできず、じっとしているとき、たまたまトラックが通りがかり、そのトラックに牽引してもらい無事に会社に戻ることができたのです。

事故の知らせを受け、心配しながら待っていた社員。宇佐美の無事が確認できると泣き崩れる社員もいました。車体にはガードレールに何度もぶつかった跡が生々しく残されています。

その後、誰も良太を責めたりはしませんでしたが、良太は総務部に行き、「車の整備記録のコピーを見せて欲しい」と詰め寄ります。そして、事故を起こした車の車検証や整備記録をチェックした後、車を販売した会社に電話をかけます。

「オタクから買った車がスリップしてガードレールにぶつかり、その勢いで車がスピンして対向車線に飛び出して危うく大惨事になるところだった。ワタシの運転で崖に落ちる前に止められたからよかったものの、最初にアクセルとブレーキを踏んだとき、何か違和感があった。あの車はきちんと整備されていないのではないか」

まるで事故を起こしたのは車に問題があったと言わんばかり。

車を販売した会社の担当者も驚き、すぐさま駆けつけます。しかし車は2カ月前に新車で購入し、定期点検も済ませたばかり。事故の原因はスピードの出し過ぎなのは明らかですが良太はそれを認めません。

「車が悪い。ワタシは悪くない」

これには宇佐美もがっかりして、彼を社長室に呼び寄せます。

「小林君、君に足りないものは謙虚さだ。常に自分が一番だと思う考え方は悪いわけではないし、僕も嫌いじゃない。ただ、自分の周りで起きているトラブルの原因の発端は、自分に多少なりとも責任があるということも気づいて欲しい。君の会社が倒産したのも、取引先に原因があったのかもしれないが、その取引先を選んだのは経営者である君だろう。原因にはさまざまな要因が絡むものだが、これから管理職としてこの会社でやっていくのなら部下のミスも自分で責任を取れるような器でなければ務まらない。

今回の事故も原因がスピードの出し過ぎにあるのは明らかだ。もっと言うとそのスピードの出し過ぎを君にきちんと伝え、スピードを落とせるところまで注意できればよかったと僕なりに反省している。だから君を責めたりはしない。ただ、事故を起こして会社に戻った後の君の行動を見て無性に腹が立った。どうしてかわかるか?」

この問いに良太は一言。

「車にキズがついたのがそんなに腹立たしいんですか。ワタシは崖下に車が落ちないよう必死で食い止めたっていうのに」

この言葉で宇佐美は何かをあきらめたようでした。

「今日は疲れただろうから家に帰ってゆっくり休みなさい」

「えっ、もう帰っていいんですか。じゃあ、お言葉に甘えてお先に失礼します」

そう言うとそそくさと帰り支度を始めてタイムカードを押します。事故の処理に追われている他の社員に「お先にです」と明るく声をかけて……。

その翌日、良太は出勤しませんでした。代わりに良太の父親から宇佐美宛に電話が入ります。

「宇佐美君、息子が事故を起こしたらしいね。それは謝ろう。しかし、事故を起こすような社員はこの会社では務まらないと息子に言ったそうじゃないか。それはおかしな話だろう」

話がどこかで食い違っています。

「息子はもう君の顔など見たくないと言って、朝一番の飛行機で東京に戻って来た。残念だが息子は君の会社に出勤することはもうないから。これは痛手だよ、君の会社にとって」

宇佐美にはもう何も返す言葉が見当たらず、「力足らずで申し訳ございませんでした」と言うしかありませんでした。

＊＊＊＊＊＊

いかがでしたか?

大切なのは自分、大好きなのも自分。子供の頃から大切に育てられ、勝ち組の親のもとで育った子供は無意識に「自分も勝ち組」と根拠のない自信が醸成されています。そして、社会の中でも、企業の中でも「自分は皆とは違う」と意識を広げていきます。自分の意識を高めるために「自分はやればできる」「自分にできないことはない」と鼓舞するのはとても良いことだと思います。スポーツや芸術の分野に秀でている方々は自身のモチベーションを上げるため、常にプラス思考の発想でイメージトレーニングを行っているのです。成功する経営者も成功者となるためのあるべき姿をイメージしながら経営にあたっています。

私がやっかいな存在と考えている〈俺リスペクト型〉シュガー社員も途中までは同じなのです。常にプラス思考で前向き、自信に満ち溢れ、自分を高めるための努力もする。しかし決定的に違うのは物事の完成度が極端に低いことなのです。周りを見下し「大したことないね」と公言するわりには「で、あなたはどうなの?」とつい問いかけたくなってしまうような完成度の低さ。プライドを傷つけないようにやんわり指摘すると、原因は自分にはないという無責任ぶりを発揮し、さらに自分の立場が悪くなると親が出てきます。注意をした人間を逆恨みし、攻撃するような幼稚な一面も持ち合わせています。

問題が起きても自分で解決するのではなく、親や家族を前面に出し、あちこちに遺恨を残しながらねじ伏せる。だから〈俺リスペクト型〉シュガー社員は自分を彩るアイテムがなくなったとき窮地に陥るのです。

ここまで読まれた方の中にはもうページを閉じたい、立ち読みしたけど買いたくないと思われた方もいらっしゃると思います。

「ここまでヒドイのはいないよ」と思うのと同時に「でも似たようなのはいるかな」と何人かの部下の顔が思い浮かぶでしょう。

社会人としての体裁は一応整えていますが、自分の甘さから周りに迷惑をかけ続け、挙句の果てに気に入らないことがあれば、その不機嫌を最大限に感染させながら突然欠勤したり、上司を無視したりする。こんなことが許されていいわけがありません。しかし大手企業は労働組合もあり簡単に解雇に踏み切れない土壌があります（労働組合がなくても今は簡単に解雇などできませんが）。『シュガー社員が会社を溶かす』の出版後、大手企業からは「そんなシュガー社員でも戦力にするには」という問い合わせが多く、中小零細企業では「そんなヤツはクビにしろ。雇用し続けている会社が甘い」というご意見が多かったことからも、企業の規模や性質によって、シュガー社員の扱いが大きく変わってくるようです。

キング・オブ・シュガー社員とは？

このように、褒めたり励ましたりすれば増長し、注意をすればすぐにパワハラと受け止める、糖度の高い〈俺リスペクト型〉の彼ら。

上司の皆さんの精神衛生を第一と考えれば、私は迷わず「放っておきましょう」と答えます。彼らに教育している時間とエネルギーを他の仕事に使った方がよほど効率が良いですし、何よりストレスも軽減できるでしょう。

しかしながら、会社全体としては、やはり放っておくことはできません。

これは、多くの中小企業のクライアントに接してきた私の経験から言えることですが、どんなシュガー社員に対しても放っておかず、きちんとマネージメントをしようと意識改革をした企業の方が結果的に業績も上がるのです。

その傾向は社員数が少ないほど、顕著に現れます。10人~20人前後の組織であれば、問題がある社員はたった一人だけということも多いでしょう。日々一緒に仕事をする中で、ストレスは溜まるものの、だからといってすぐに辞めさせられるほどの大きな問題を起こすわけでもないし、何も自分がわざわざ嫌われるような真似をしてまで教育をする必要があるのか――――と疑問を持つ上司の方の気持ちもわかります。

しかし、そうやって誰もが見て見ぬフリをしてこのタイプのシュガー社員を放っておくことは、やがては全社員に悪影響を引き起こす可能性があるということなのです。また、口には出さないものの「あの人をちゃんと更生してくれればもっとこの部署の業績は良くなるのに」と思っているまともな若手社員も多くいるはずです。年功序列制で給与が年齢によってほぼ一定の場合は、当然のごとく「アイツと私が同じ給料だなんてやってられない」と、社内全体のモチベーションが落ちていることもままあります。それでも放っておけば、仕事のできる社員から会社を離れていってしまう場合もあるでしょう。

実際、こうしたシュガー社員が中堅どころとなり、新人を育てるポジションになったら大変なことが起こります。彼らはその相手のことを馬鹿にしつつ、自分より立場や能力が下の人とつるむことを好みますから、後輩が入ってくると、たちまち仲間に引きずり込もうとします。

「こんな会社、頑張っても無駄だって」

「部長の○○って、俺たちの前では偉そうなこと言うけどさ、常務の前では頭が上がらないんだぜ。あんなヤツ、適当にあしらっておけばいいから。もしも部長になんか言われたら、全部俺に相談しろよ」

「コネで入った課長の○○なんか、土・日はアルバイトしていても黙認されている。就業規則なんてあってないようなものだから、多少のことは許されるから」

と、それこそ手とり足とりで、新人に「この会社はブラック企業だ」と吹き込む可能性があるのです。入社してすぐにそんなことを言われれば、ピュアな若者であればあるほど、染まるのも早いでしょう。もともとはたった一人だったシュガー社員が、5人の部下を持ってしまえば、合計6人のシュガー社員が発生することもあり得ます。増殖すればするほど、間違いなく会社の業績は下がるでしょう。

まさにこれが、シュガー社員が会社を溶かしていく瞬間です。

会社を溶かすほどの能力と、立場が下の人間をすぐに取り込む頭の良さを持っているのも、〈俺リスペクト型〉かつ、糖度の高い、真性シュガー社員だからこそ。

本書では、ここから彼らのことを〈キング・オブ・シュガー〉と呼ぶことにします。

新人は見た!!
これが
キング・オブ・シュガー社員の社内政治だ!!
オマエらよくこんなブラック企業に入ったな!
こんな会社、テキトーにやればいいから(笑)
ちょっと税金ゴマかしてるらしいぞ。
…
どうせ部長は血縁だしー
辞めてくれない3年目

第二章

若者を理解しなければ、今日からあなたの会社もブラック企業⁉

若手社員の世代観、価値観を知りましょう

いつの時代も「今の若者は」という言葉が出回るように、ジェネレーションギャップというのは避けられない溝であり、企業にとって常についてまわる話なのです。実際に、前回の著書を出したときも、「世代間格差はいつの時代にもある話」というお声を大勢の方々からいただきました。

若者から熱い支持を受けている、紋切り型な社会評論に鋭くメスを入れたロングセラー本『反社会学講座』（パオロ・マッツァリーノ著、イーストプレス刊）には、以下のような行があります。少し引用しましょう。

＊＊＊＊＊＊

30年前のリアルな青春群像

１９７５年（昭和50年）から76年にかけて放送され、高視聴率を獲得した『俺たちの旅』というテレビドラマがあります。大学４年生のカースケとオメダ、そして二人

より4、5歳年上と思われるサラリーマンのグズ六、この3人の生活をリアルに描く青春ストーリーです。

1973年のオイルショックを契機に、破竹の勢いだった日本の経済発展にブレーキがかかり、1975年の新聞は「倒産戦後最高」「完全失業者一〇〇万人突破」などの暗い見出しで埋まりました。大学生も就職難に直面します。

これより10年ほど前の1966年（昭和41年）には、大学就職希望者の就職率は90・6％でした。ほんの5年前までは、大学紛争で暴れていた学生も卒業すればすんなりと一流企業の社員になれた、幸せな（そしてズルい）時代でした。

ところがカースケたちは卒業が間近に迫っても就職できません。ついにカースケとオメダは同じ不動産会社に就職できたものの、カースケは一日で会社を辞めてしまいます。そして、自分らしい生き方を求めて、大学卒業後もアルバイト生活を続けます。周囲の人間は「一生アルバイトではいられない」「お前はいいかげんだ」と諫めます。

ゲンダイの若者と全く同じ青春模様がここにはあります。「フリーター」という言葉こそなかったものの、そういう生き方をする若者は、すでに30年前から存在していたのです。

＊＊＊＊＊＊＊

しかしながら、シュガー社員は今まで言われてきた「イマドキのワカモノ」とは異なる価値観を有しています。私が決定的に「違う」と感じることの一つに、「未来を見据える視線の距離」があります。つまり、『自分が、10年先はこうありたい』という、未来予想図を持っていない若手社員が多いということです。例えば、前の時代の若者でしたらば、同じ会社にいる先輩をモデルにしたり、自分と同じ夢を実現している誰かを目標にし、「自分もあの人のようになりたい」という漠然とした、しかし、可能性としてはかなり高いイメージをそれぞれが胸に抱いていたはずです。

今、若手社員からはそうした声がほとんど聞こえません。彼らの話を聞いていますと、極端な話、「今年がこのままならいい」「明日がよければよい」といったような刹那的な生き方しかできていないように思うのです。「とりあえずビール」は嫌がる一方で、「とりあえず、明日をまったり会社でやり過ごしていればそれでいい。どうせ未来なんかどうなるかわからないし」というような、強烈な「とりあえず目線」が、感じられて仕方ありません。それは、格差社会と世代間格差の「ダブル格差」が引き起こした問題なのか、今の自分はとりあえず「仮」の姿であるという逃避願望が引き起こしているものなのかは定かではありません。

「10年後の俺？　え？　そんなの知らないし。それに、俺っていうか、日本が終わってるかもしれないじゃん」と、希望のない答えしか彼らに言わせられないのは、彼らの問題ではなく、我が国の問題であることも事実なのです。

いやいや俺だって、二〇代の頃は「明日さえよければいいさ」と考えていたよ、と仰る熟年世代の方もいることでしょう。先ごろ亡くなった名優ポール・ニューマンの出世作『明日に向って撃て！』のように、今、この瞬間の「生きている実感」だけを味わっていたい年頃もあるのだと。そうなのです。そこが、同じ刹那主義であっても、今の若手社員と事情が違うところです。

自己投資をしないシュガー社員たち

２００８年の2月にネットリサーチ会社・マクロミルが行った「若者の生活意識調査」(http://www.macromill.com/r_data/20080228young/index.html) において、実に衝撃的なデータが発表されました。

貯金について尋ねたところ、「全く貯金しない」と回答した人が約2割である一方、約８割の人は金額の如何に関わらず、毎月貯金をしているという結果になりました。また、貯蓄の目的に関しては「いざという時のため」が65％と圧倒的に多くなっています。次いで、「旅行資金」が28％、「病気や事故の備え」が27％、「老後の蓄え」が23％となりました。明確な目的のある貯蓄よりも、何かあった時のため、備えとしての貯蓄が上位にあがりました。

また、今後（も）積極的にお金をかけたいもの、という質問では、ダントツの1位が「貯金」であり、二〇代平均でなんと44・８％。三〇代全体が39・４％であるのに対して、５％以上も上回っているのです。このあたりが、若手社員の「不思議」であり、「賢い」ところなのです。ポール・ニューマンに胸ときめいた世代は、若かりし頃、積極的にお金をかけたいものに「貯金」とは答えなかったでしょう――これは、良い、悪いという問題ではありません（いや、「貯金」できているのは圧倒的に良いことではあります）。

「明日がよければいい」というのは、社内においての「自分」のこと。だからこそ、「本当の自分」にいつでも戻れるために、自分が自分らしくあるために、「貯金」しているのです。このニュースを受けて、あるブログでこうコメントしている方がいらっしゃいました。

『「鉄は熱いうちに打て」といわれます。若い人が、人生の大事な時に自己投資をしないことを嘆いている識者もいました。働く意味も分からなければ、お金をどこに使ったらよいのかも分からない。時間、体力、お金の使い道を知らなければ、心の底から「頑張ろう」という力もわいてこないのではないでしょうか』

このコメントは、まさしく私が申し上げているシュガー社員の実像と重なる部分があるのです。「何を考えているかわからない」と匙を投げず、我々からすると不思議な価値観も理解することによって対処法が見えてくるかもしれません。

まずは、価値観が変化してしまった背景を考えていきましょう。

一児豪華主義の家庭教育

少子化の時代に生まれ育っているため、親が全精力・経済力を子供に注ぎ込み、幼少の頃から英才教育を受けています。スポーツの世界でも若くして才能を開花させている選手が出現し、若い経営者も新たなビジネスモデルを創り出しています。過保護というのもその一歩手前は、お金をかけて、習い事や十分な教育を受けさせ、大事に育てられているという証。甘さを取り払えば優秀な層であることには違いないのです。

子供の頃から親に期待され、学芸会や運動会などには親戚中が集まり、その期待に沿うような努力の方法も体得しているはずです。バレエの発表会では主役のお姫様が3人も4人もいるような時代なのです。だからこそ今は「褒めて、褒めて、褒めまくる」社員教育が注目を集めているのです。認めてもらいたいという気持ち、ワタシだけを見て欲しいという自我の欲求が人並み以上に強いことを理解して下さい。

また、シックス・ポケッツという言葉があるように両親の親、つまり双方のおじいちゃん、おばあちゃんから可愛がられ、お小遣いもたんまり貰えて何不自由のない生活をしています。欲しい物はすぐに手に入り、子供の頃から消費主体の生活が身についているのです。つまりお金を持って買い物に行けば、子供という扱いではなく「お客様」という扱いになり、子供の柔らかな脳に全能感を与え、買い手という立場を先取するのです。

内田樹さんも『下流志向』（講談社刊）の中で、こう仰っています。

＊＊＊＊＊＊＊

「ぼくは買い手である」と名乗りさえすれば、どんな子供でもマーケットに一人前のプレイヤーとして参入することが許される。その経験のもたらす痺れるような快感が重要なのです。

幼い子供がこの快感を一度知ってしまったら学校でも教育サービスの買い手というポジションを無意識のうちに先取しようとします。彼らはまるでオークションに参加した金満家たちのようにふところ手をして教壇の教師を眺めます。

「で、君は何を売る気かね。気に入ったら買わないでもないよ」

それを教室の用語に言い換えると「ひらがなを習うことにどんな意味があるんですか?」という言葉になるわけです。

******

働く意味を親は教えられない

教育現場で起きている問題は、エレベーター式に職場にも持ち上がります。

「この仕事にどんな意味があるのですか?」

「そんなやり方は、あんまり意味がないと思いますけど」

常にサービスを受ける立場にあるという消費主体の考え方は、就職しても変わることなく上司に対して発せられます。思わず「は?」と固まってしまうような質問も幼少時代から刷り込まれたものなのです。そして、彼らは自分の考えが大変合理的であると思っています。

読者の中には、「子供が過保護に育ったのは親の責任だから本人の問題ではない」

と思われる方もいるかもしれません。しかし、そのままでいることが果たして本人にとって幸せなことでしょうか。どこかで気づかせることも必要ではないでしょうか。実際、就職活動を通しながら重たい「過保護」という鎧をはずせる若者もいるのです。

先日、大学のキャリアセンターの職員の方とお話しする機会がありました。大学で既に高糖度のシュガー社員予備軍が発生しているのは、多くの大学関係者から伺っているのですが、就職活動を通じてめきめきと変化を遂げる学生もいるというのです。

優秀なビジネスパーソンへと変化を遂げる学生、間違いなくシュガー社員予備軍となる学生、一体どこが違うのか、その疑問をぶつけたところ次のような答えが返ってきました。

「就職活動を通じて自分ととことん向き合い、自分が社会でどんなことをしたいのか、そのためにはどんな企業に入社すればよいのか、それがしっかりと認識できた学生は企業に入社しても期待される人材となるのです。でもそれが見出せず、なんとなく就職した学生は『こんなはずじゃなかった』と言って早期離職に結びつきやすい。親も『せっかく入社したのだから頑張れ』とは言わず『嫌なら辞めなさい』と転職を後押ししてしまうのが昨今の傾向ですよ」

シュガー社員予備軍という鎧をはめたまま企業に就職し、そのままの状態でいればいずれ企業にとっては不要な人材となってしまうでしょう。親は間違いなく子供より先に年老いてしまい急速に力を失っていくのです。その時に「さあ、自立しろ」と言ってもそれがいかに過酷なことかはもうおわかりですよね。

だからといって体育会系のビシビシした教育はシュガー社員にとってパワハラ以外の何ものでもないのです。

ワガママが多くその身勝手さを注意するとすぐに絶望の淵に立ち、残業させると「安い給料で搾取されている」と悲観的になります。大声で注意したりするとすぐに「パワハラ」と受け止められ、「就職した会社がブラック企業だった！」と翌日から出勤しなくなります。シュガー社員の要素がある社員には性格の穏やかな上司をつけるようにし、くれぐれも体育会系の上司の下は避けて下さい。

今までの社員が〈ブラック企業〉と思っていなくても、若手社員から、ある日突然、あなたの会社が〈ブラック企業〉という格付けをされる可能性は高いのです。

ゆとり教育と自己主張

何かと批判の多いゆとり教育世代。彼らは、「自己主張しなさい」と子供の頃から教育され「嫌なことは嫌だとハッキリ言いなさい」と教え込まれています。それが企業でもネガティブに活かされて、「嫌な仕事はしません」「あの人は嫌いなので一緒に仕事したくありません」にすり替わります。自己主張が決して悪いというわけではなく、空気を読まないことに問題があるのです。私は、自己主張そのものはとても良いことだと思いますし、腹にブスブスと何かを溜めて不満そうにしていられるよりは、自分の考えをどんどん言ってくれた方が対処しやすいと考えています。

ただ、それがあまりにも常識からはずれていた場合に、なんの言葉も出なくなる方が多いのではないかと思うのです。あきれてしまい、そこで話が終わってしまえばジェネレーションギャップは埋まらないままです。そこを理解することからスタートし、常識はずれの言動は、あきれながら注意するのではなく、「なぜそのような行動が会社では良くないのか」を懇切丁寧に説明する技量が必要になってきます。

また、世代の垣根も無視できません。上下関係をはっきりと教え込まれた世代ならば問題は起きませんが、今の二〇代は世代の垣根が低い中で幼少期を過ごしています。学校の先生はもはやオトモダチ。大学の教授であっても「ちょっと気を遣う年上の人」でしかないのです。これは本人の問題かというと非常に微妙で、教師達が、必要以上に生徒にフレンドリーにしておかないと人気が出ない＝評価が下がる、という背景があるからです。親がしっかりしていれば目上の人に対する接し方もきちんと家庭で教えられているのですが、親と友達のような感覚の家庭もあるので、いきなり企業で立派な垣根を見せられるとアレルギー反応を起こす新人が出てくるかもしれません。

いずれも子供の頃から刷り込まれたものが、社会に出て拒絶されてしまうことによって早期退職に結びつき、「もう働きたくない」となってしまっているのでしょう。

失われたトリビー文化

こうした家庭教育、学校教育での方針を理解した上で、若手社員の接し方に工夫を凝らせば案外なじんでくれるかもしれません。自己主張も頭ごなしに否定せず、大学の教授になったつもりで「なぜ、そう思うの？」「それを実行することによるメリットは？」「周りへの影響はどれくらいあるの？」など、相手の主張にどんどん突っ込みを入れて社会への適応力を育てて下さい。返答が常識はずれでもカリカリした時点でこちらの負けです。

ところで会社の宴会では最初に乾杯をするとき、早めに飲み物をそろえるためにトリビー（とりあえずビール）が一般的だと思いますが、今はトリビーの文化が失われ、若手社員は各々好きな飲み物を注文するようです。

「とりあえずビールでいいかー」

「ワタシ、ウーロンハイ」

「俺、カクテル」

「飲めないのでオレンジジュース下さい。あ、氷はなしで」

こんなことを言う若手社員こそ、「ＫＹ」だと思われるのですが、当人達はそうは思っておらず、「勝手にピッチャービールで頼んじゃって、課長ってＫＹだな」と平気で言います。もちろん、「飲めないヤツ以外はビールにしろ！」と叫んではいけません。全員ビールを強制したとたん、パワハラ上司、昭和の遺物などレッテルを貼られるかもしれないのです！「皆がバラバラのものを頼んだら、乾杯まで時間がかかるからやめましょうよ」も50点です。言い方によってはせっかくの楽しい宴会がお葬式のようになってしまうかもしれません。次に飲み会に誘っても「行きません」と言われてしまうのは、こんなことがきっかけになることもあるのです。「おっ、いいね〜。カクテル、やるね〜。じゃあ私もそっちにしようかな」とその場は楽しくやり過ごすしかありません。ノリの良さが若手社員を引きつけるのです。

世代間の価値観を理解する

若手社員は就職氷河期に始まり、年金問題、ワーキングプア、過労死、格差社会と、これから社会に出ようというときにさまざまな問題が降りかかった世代です。シュガー社員は、企業不信や社会不信の時代に自分を守るために、あえて「新種」となり自分を守っているのかもしれません。

「働かされ過ぎて過労死したくない！」

「必要がなくなればポイされるのだから必死に働くことなど無意味！」

今年（２００９年）は既に内定取消、派遣社員の契約解除、大規模なリストラ、社会情勢の不安定さが若者の不安感をさらに煽り、企業不信の時代へ突入しているのです。

一生懸命働いたところで報われないのなら、会社のために働くなんて冗談じゃない。そうした考えを強く持っています。だからどんなに教育しても高い成果が得られないのです。シュガー社員の存在は企業不信の産物かもしれません。そして72ページでも述べたように貯蓄に励むのも、社会不信が根底にあるからなのかもしれません。

また、支払った保険料に見合う分の年金を将来受け取ることができないのでは、という危機感から、しっかり貯蓄をしている若者が多いといいます。男女平等もしっかりと根付き「男は仕事、女は家庭」という概念から脱皮し、男性は家事や育児を分担することへの抵抗もなくなってきています。デートをしてもしっかりワリカン、恋愛の告白は女性からと、女性がたくましくなるにつれ、男女間の垣根も薄れつつあるのです。育児休業を取得する男性社員も現れています。企業の中核をなしている五〇代以上の方からすると、男性の育児休業などあり得ないと、そんな男性社員が宇宙人に見えるかもしれませんが、時代の変化を理解することも必要です。もちろん、男性社員も育児休暇は当然取るべき権利なのです。

しかし、四〇代~五〇代の社員というのは会社のためになることが自分のためにもなると自己犠牲を余儀なくされた世代でもあります。

自己犠牲というと言葉がよくありませんが、サービス残業も当たり前、有給休暇は取らないのが当たり前、上司の理不尽な仕打ちにも耐え、休日返上も厭わない激務をこなし、ようやく今の地位を手に入れた世代でもあるのです。そんな世代が、努力や苦労もせずに我々と同じものを手に入れようとするなんてムシが良すぎるのではないかと、シュガー社員に対し嫌悪感を抱いてしまうのも無理はありません。

今、その「自己犠牲」という言葉はカビのはえた遺物のように扱われ、昭和の悪しき慣習の代名詞となってしまいました。しかし大変な苦労や悔しい思いをした仕事の後にしか味わえない、とてつもない大きな喜びや感動を得たことも事実です。それは今のシュガー社員世代には理解できないことかもしれませんが、若手社員の趣向を理解した上で、少なくとも仕事の楽しさを伝えることくらいはしなければならないでしょう。

繊細なガラスのハートで自分探し

過保護に育てられ、温室の中で純粋培養された子供は、社会に出て数年経ったところではじめて、自身の打たれ弱さを体感します。

「給料を貰っているんだからちゃんと仕事しろ」という上司の言葉に傷つき、「あんなこと言われて会社に行く気がなくなった」と突然退職したり、仕事のミスを注意され「確かに～、自分悪かったスけど～」と自分の落ち度は認めても、「でもあんな言い方はないと思う。課長の言葉に傷ついたので、その点は課長が謝って下さい」と難癖をつけてくる。繊細であるがゆえに自己防衛本能が働き、相手を攻撃してでも自分を守ろうとします。

転がしておいても自然に成長する若手社員は少なくなり、今後は薄くてもろいガラスのハートを持った若手社員の教育方法を企業全体で見直さなければならない時期にきているのです。何度も申し上げますが、今までと同じ教育方法は通用しません。丁寧な教え方をしなければ「不親切」「最初に言われていない」と指導力のない上司とレッテルを貼られてしまうのです。

そのガラスのハートと一見チグハグに見えながらも共存しているのが、オンリーワン志向です。香山リカさんは、『就職がこわい』（講談社刊）という著書でこう仰っています。

＊＊＊＊＊＊

ある学生は、第一志望ではなかったものの、名の通った企業の内定を獲得することができた。

そのときはそれなりに嬉しそうだったが、いざ就職する段になって自分から辞退してしまった。「どうして。もったいない」と思わず口にすると学生は言った。「だってこの仕事、私じゃなくても誰でもできると思って」

…（中略）…

しかし若者達は、先の学生のようにどこかの企業に就職して、仕事の中で徐々にオンリーワンになって行こうとはせず、ある日突然どこからか「これは君にしかできない」という辞令が来るのではないかと思っているところがある。

＊＊＊＊＊＊

なかなか理解しづらい価値観かもしれません。しかし今の若者には「特別な自分願望」と「自分探し願望」が加わり、就職してから3年も待たずに転職に踏み切るケースがままあります。辞めることに抵抗がないのです。

さて、ここまで若手社員の価値観の変化について触れてきました。面倒くさいと思われる方もいらっしゃるでしょう。しかし、例えば私も若い頃は新人類と呼ばれていた世代です。その私達の世代が、社会人として成長できたのも、その上の世代の方々の根気ある指導の賜物でもあります。今度はその恩返しをするためにも、とびきり変わった価値観を持った若者を理解し、時代に見合う育成方法を身につけなければなりません。

時代に合う育成法……?　そうです。私はシュガー社員に関する書籍はこれで3冊目ですが、既に2冊を読破されたコアなシュガー社員ファン(?)もいらっしゃると思います。

私もさらに深く分析、研究することでより理解が増しました。

シュガー社員が不満を持つ要素。それはもちろん、会社の労働条件が第一に挙げられます。しかし、上司や先輩の仕事の教え方にも彼らは大いなる不満を持っています。

「新人は仕事を選ぶな」「とにかく汗をかいて動け」

新入社員にはこれくらいの心構えが必要だと思われる方も多いと思います。それは決して間違ってはいませんが、シュガー社員に対しては逆効果なのです。

〈スポットライト教育法〉のすすめ

なぜ、シュガー社員の中でも〈キング・オブ・シュガー〉は仕事のより好みをするのでしょうか。〈ワンルームキャパシティ型〉はマニュアルだけの単純作業を好み、〈私生活延長型〉は定時ピッタリに退社したいため、自分が主体になるような仕事や、時間のかかりそうな複雑な仕事を好みません。〈プリズンブレイクⅡ型〉は目立ちたい気持ちもあるのですが、いつでも逃げられるように深くかかわろうとしません。

そして〈キング・オブ・シュガー〉だけは、スポットがきらびやかにあたるような、自分にしかできない仕事を好むのです。それが本当に自分にできるのか？というところまでは考えません。「自分ならできる」と根拠なき自信が後押しします。子供の頃、学芸会で主役をやった経験だけを武器にいきなり劇団四季の主役を狙うようなもの。劇団に入団したら最初は裏方の仕事をして先輩の行動からいろいろ学ぶものだと思うのですが、〈キング・オブ・シュガー〉はその辺はあからさまに手を抜きます。そして主役でなければ意味がないと政治的根回しも忘れずに、着々と劇団を蝕むのです。〈キング・オブ・シュガー〉は「特別な自分」「自分にしかできないこと」「自分だけに発せられたメッセージ」に反応します。特別な自分は、自分でなければできない仕事にしか興味を示さず、その他大勢の中には入っていこうとしません。

「これは誰にでもできる仕事だからやってみて」といった「楽だからいいでしょ」的な仕事の与え方は、〈ワンルームキャパシティ型〉や〈私生活延長型〉には有効でも〈キング・オブ・シュガー〉には効果がありません。もっとドラマチックなやり方が有効です。

例えば、「資料を集めてきて」ではなく、「あなたのセンスで選んでくれた資料が読みたい」となり、「これ○○さんに渡しておいて」は「○○さんがどうしてもあなたから書類を受け取りたいらしいの」といった「あなた」にスポットをあてた言い回しに変化させることが重要になるでしょう。名付けて、〈スポットライト教育法〉です。

「なんで若手社員にそこまで気を遣わなきゃならないのだ。ビシバシしごいて谷底まで落として、そこから這い上がらないようでどうする」と頼もしい指導力をお持ちの管理職の方もいらっしゃるでしょう。しかし、先程も申し上げました通り、新種なのです。

「厳しく接しても、そこに愛情があれば部下はわかってくれる」という定説が覆り、厳しく接したら「パワハラを受けた」とされ、愛情を注いだら「ちょっとウザい」となってしまうご時勢なのです。今までと同じようにガンガン飛ばしまくるとあからさまに「嫌いな上司の言うことは聞きません」と背中を向けられてしまうのです。

無理にご機嫌伺いをして下さい、と言っているわけではありません。シュガー社員は摩擦回避をするのが一番の有効策ですが、特別にプライドの高い〈キング・オブ・シュガー〉にそれなりの仕事の成果を求めるのであれば、上司の側にも工夫が必要だということです。

もちろん、仕事の指示を与える以外の場面で、シュガー社員から突拍子もないことを言われる可能性もあるでしょう。

「仕事中に眼科に行くのは許されて、カラコンを作るのはなぜダメなんですか?」という問いにもダメなモンはダメなんだっ！とキレてはいけません。いずれにせよ、「ここから教えなければならないのか」というところから教えなければなりません。

さて、前著を読まれた方から次のようなメールをいただきました。

＊＊＊＊＊＊＊

弊社は製造業ですので普段は制服に着替えて仕事をしております。通勤時の私服は自由ですが、ある新入社員はヒップホップともいうべきダブダブズボンをお尻まで下ろし、帽子をななめに被った格好で出勤します。大手企業の下請け製造業であるため、門の前には警備員が常駐しているのですが、その警備員に呼び止められ「本当にウチの社員か」と言われる始末です。私服だけなら仕方ないと思えるのですが、構内の売店で買ったパンを食べながら歩くのです。さすがに注意をしましたが、本人はなぜ注意されるのかわからない様子でした。

「食べ歩きするな」

「ダメですか」

「親に教わらなかったのか?」

「はい」

こちらとしても私服のすごさや食べ歩きなど初めて出現したタイプの新入社員でとても驚きましたが、それでも注意をすれば聞いてくれるので、今はどう成長してくれるか期待しながら指導しています。

＊＊＊＊＊＊

新入社員は往々にして社会人としての自覚に乏しいものです。企業としては「ここから教えるのか。これは家庭の躾の問題ではないのか」とめまいがするかもしれませんが、若手シュガー社員を真っ当な社員に育て上げることは価値のある社会貢献かもしれません。ここで教育をあきらめてしまうと、〈キング・オブ・シュガー〉社員がさらに増殖することでしょう。

時代は変わりつつあります。彼らを受け入れていかなければ、会社は大きくなりません。シュガー社員を育てることで、企業としてもステップアップできる機会だと考えれば（子育てをすると人間の器が大きくなる、という考え方と似ていますね）、ストレスも軽減できるのではないでしょうか？

拙著『シュガー社員から会社を守れ』では、入社したときは問題がなくても、何かの拍子に〈シュガー社員スイッチ〉が入って上司や管理職を悩ませる存在になる場合があると書きました。最初からシュガー社員だったわけではなく、何かをきっかけにシュガー社員になってしまうケースもあるのです。そのスイッチが入らないよう、企業としても対策が必要です。ちょっと頼りなげな若手社員も、最初に教え込むことによってスイッチが入らず、真っ当になっていく場合もあるのです。是非、次のことを参考にして若手社員に自覚を促してみましょう。

若手社員を育てるための3つの自覚

①組織人としての自覚

若者にかかわらず、日本全体がマナーやモラルから遠ざかっていく光景を最近目の当たりにします。給食費を払わない親、医療費を支払わない患者、若者だけがどうのこうのと言われる時代ではないのかもしれませんし、「常識がない」のではなく「常識が変わった」のかもしれません。それでも会社内での振る舞いは社会性を要求され、少なくとも報酬を受け取るからには企業人としての、そしてその組織人としての振る舞いが必要とされるわけです。シュガー社員に一番備わっていないのは目上の人を敬うということです。

年齢なんぞ関係ない。「ダメな上司」と一度判断されてしまえば、自分を飛び越えて、上層部に直接相談に行く若手社員も出てきます。『若者が3年で辞めない会社の法則』（本田有明著、PHP新書）には、わずか1年で辞めた新人の言い分として、次のようなセリフが出てきます。

「私のところなんか、上司に業務上の相談をすると（その上司が）いちいち課長におうかがいをたてに行くんです。だいぶたってからようやく指示がおりてくる。面倒だから課長のとこに直接行くと、あとで上司に文句を言われたりする。ばかみたい」

これはどうやら、会社のシステムにも問題がありそうです。

さらに目線を変えると課長さんの権限が強過ぎて、自分の許可なくしてどんな業務も進行させないのでは？　とも考えられます。しかし組織では人の頭の上を飛び越え上司のメンツをつぶすのはご法度の職場が多いはずです。

上司の方々は、この発言者のあまりの常識のなさにあきれてしまうでしょうが、本人にしてみれば、上司は単なる「間に挟むのが面倒くさい人」。頭を飛び越えることを何とも思っていないどころか、合理的だと思っているかもしれません。

入社してきた社員に最初に教えること。それは、歓迎会の日程でもなく、クライアントのあしらい方でもなく、組織の中でのその社員の役割です。

社員の責任とは何か？

この会社に採用され、会社があなたに報酬を払っている意味とは何か？

当たり前のことですが、最初は誰もわかりません。皆がするから、就職活動をし、なんとなく試験を受け、合格したのでなんとなく入ったという新卒の方がほとんどでしょう。先の問いを最初から理解している人は、あらゆるビジネス書を通読してきた真面目で稀有な存在です。

また、さらに踏み込んで教えることができるなら、正社員で採用したからといって、半永久的に椅子があるとは約束しない、どんな社員でも企業が面倒を見てくれる時代ではない、ということも伝えるべきです。こんな時代だからこそ、仮に自らの意志ではない形で退職をしたとしても、他社で生きていけるだけのたくましさを身につけさせることではないでしょうか。

リクルートから独立し、現在経営コンサルタントとして活躍され、経営者でもある小笹芳央氏は著書『会社の品格』（幻冬舎新書）の中で、こんなことを書いています。「辞めやすい会社にいたけれど、結果的にはその会社からたくさんの意味を汲み取れた。だから30年間も勤めることができた」

終身雇用制度が壊れつつある現在において、これこそが、会社と社員の大変幸せな関係を表す言葉であると思うのです。

さて、経営者、上層部の方には、社員に給料を支払う意味について二つの考え方があると思われます。

「社員は給料を貰うのだから言われたことだけをやっていればいい」
「社員は給料を貰っているのだから言われた以上のことをやるべきだ」

皆様の企業はどちらでしょうか？

前者の企業に就職してしまった場合、入社した社員は、自分が10年後にこの会社で何をやっているのかが、だいたい想像できるわけです。それを嬉しいと思うか、耐えられないと思うかは、会社の質によって異なるでしょう。

しかし、「言われたことだけをやって、でも、報酬は高い方がいい」というシュガー社員が、もしも後者に就職してしまうと、不幸が起きるのです。社員には、言われたことだけやっていればそのままレールに乗って目的地まで行けるのか、言われたこと以上の成果を出さなければレールから降ろされるのかを、最初の3年くらいの間に、何らかの形で理解させるべきではないでしょうか。理解できなかったがゆえに、「言われたことはこなしているのに、全然評価されない」と不満の塊になっているシュガー社員予備軍が、あなたの会社にもいるはずです。

②作業と仕事の違いの自覚

仕事と作業は全く違います。私の定義では作業は流れ作業ともいえる単純業務、仕事はそこに工夫があり生産性が上がるものと認識しています。シュガー社員は作業を仕事と勘違いし、「自分は仕事ができる」と思い込んでいます。

「言われたことをやっているのに何で評価されないのか」と思うのは、仕事をするという意欲に欠けているのです。作業というと、ガテン系の工事現場だったり、部品の組み立て工場などを連想されるかもしれません。ルーティンワークでも、そこに工夫がなければミスに気づかず後で大事《おおごと》になる……などということもあり得るのです。ところで皆様の部下はどのタイプでしょうか。

A　指示した以上のことができる

B　指示したことだけできる

C　指示したこともできない

私は、仕事ができる人かどうかを見極める際、この3つを常にあてはめています。完全なルーティンワークなど、実はほとんど存在していないのです。突発的な出来事はどんな状況下でも起こります。マニュアル化できることはどんどんそうした方が良いとは思うのですが、大事なのは突発的なことが起きたとき、いかに対応できるか、です。このとき、頭の中が作業モードか仕事モードかで取るべき行動が全く違ってくるのです。私の周囲にも、仕事ができる人、仕事人として尊敬できる、頼れる人というのは存在します。そんな方達をじっくり観察すると一つの共通点が見えてきます。新しい何かを始めるとき、常に頭の中に「どうしたら」が浮かんでいるのです。

「どうしたら効率良く進めることができるのか」
「どうしたらもっとコストを下げられるのか」
「どうしたら相手は喜んでくれるのか」

誰かに言われる前に素早く動き、その動きには無駄がなく正しい方向へ向かっていくのです。作業を効率の良い仕事に変えるには『どうしたらモード』が必要不可欠なのです。

例えばタクシー運転手の仕事を例に取りましょう。

お客様が車に乗り込み、行き先を告げます。作業モードの運転手さんはどんなに道が渋滞していても、当たり前の道しか通らないし、知りません。そして覚えようともしません。停車にモタつきメーター料金がカシャリと上がり、お客様は不快になります。「言われた場所に連れて行けばいいんでしょ」という発想しかないので、工夫がないし『どうしたらモード』は起動しません。売り上げが少ないのは不況のせいだからと自身を省みることもありません。

仕事ができる運転手さんは行き先を告げられたら近道を通りながら素早く目的地に到着します。停車間際にメーターを切るので、お客様がちょっと得をした気になります。イベント情報を日々チェックし、終演時間にその会場出口付近に向かうなどの工夫も怠りません。休日は道を覚えるため、あちこちの道を走っています。固定客もついているため売り上げは常に上位。同じ「目的地にお客様を連れて行く」ということなのに作業と仕事では生産性が全く違います。

③ダメ出しは人格否定ではないという自覚

若手社員のガラスのハートは、些細なことでもヒビが入るというのは先ほどご説明した通りです。仕事の注意をするときや仕上げた成果がイマイチであっても、いきなり「ダメだ」ということではなく「惜しい」を連発して下さい。

「ここがこうなれば完璧なのに～。惜しいな～」

「そこまでできて、なんでこうなっちゃうの。惜しいよ～」

「は～。惜しい。惜しい。全くもって惜しい」

ダメと言われて奮起するのは35歳以上の社員でしょう。若くて経験がないほどダメと言われればしょげて立ち直るのに時間がかかるのです。叱るときも期待感を持たせて叱るのがベストです。

「君らしくないな」

「何か調子が狂うことあった？」

いきなり「今さら何をやっている！」ではいけません。あくまでも期待しているという素振りを忘れないで接して下さい。過保護に育った子供は、実は期待に応えたい、という気持ちが非常に大きいのです。最初は完成度が低くても、頭ごなしに否定してしまうと早々とシュガー社員化してしまうので大きな気持ちで見守るしかないでしょう。


果たして私の部下にこれらの自覚を促すことができるのだろうかと、深いため息をつかれた方も多いのではないでしょうか。どんなに採用時に見抜いたとしても、環境の変化（叱られた、つまらない、恋人ができた、異動になった、結婚した等）によってシュガー社員になってしまうこともあり得るのです。若手社員をシュガー社員化させないためにも、今までの教育方法を見直し、教育ステージに持っていける社員なのか、摩擦回避に重点を置くべき社員なのかを見極めましょう。糖度の低いシュガー社員であれば戦力化できるようになるのかもしれません。

例えば、シュガー社員は会社に対し「時間外労働させるな」と文句は言っても「時間外労働をしないための労務改善」までは提案しないのです。〈私生活延長型〉シュガー社員は「遅刻、突然の欠勤は周りに迷惑がかかる」と言っても「自分が欠けてもそれを何とかするのが企業の役目でしょ」と考えているため改善されることはありません。そんな格別に依存心が高いシュガー社員を育てるには昭和的労務管理を見直し、それぞれの役割を常に明確にするしかないのです。

言ってはいけない！ 熱血上司のセリフ

しかし、〈キング・オブ・シュガー〉についてだけ言えば、「上司の熱意が足りないから更正できない」とは絶対に言えません。例えばあなたがサラリーマン金太郎のような熱血上司になったところで、その熱さに心打たれて、〈キング・オブ・シュガー〉の糖度が薄まるようなことはあり得ないでしょう。漫画の中では社員が改心してくれるようなセリフも、現実では逆効果の場合がままあります。〈キング・オブ・シュガー〉に対しては特に、次のような言葉は封印するようにしましょう。

たとえあなたにサラリーマン金太郎並みの熱意があっても、言ってはいけない！〈キング・オブ・シュガー〉社員への封印ゼリフ

封印ゼリフ①

「お前はまだ、仕事のおもしろさを知らないからそんなことを言うんだ」

↓〈キング・オブ・シュガー〉の心の中では「別に知りたくないんですけど」とつぶやいているはずです。知ったところで、経験値が上がることもないでしょう。「今回の仕事はちょっとおもしろかったな」で終わります。いい思い出になりました、以上ですという感じです。彼らにとっては、おもしろかったから、次の仕事もおもしろくなるように骨を折ってみよう、という発想はありません。

かなセクハラです。

封印ゼリフ②

「俺がお前をオトコにしてやる」

↓オトコにするって何だよ～。べつにボク、童貞じゃないですから……と思われるのがオチです。こういう男らしい発言にグッとくる若手社員は、シュガー社員じゃなくとも少ないと思われます。もちろん「オンナにしてやる」などと言った日には明らかなセクハラです。

封印ゼリフ③

「君のいいところをわかっているのは、私だけだ」

↓〈キング・オブ・シュガー〉は頭が良く、自分のことが大好きなため、自分に対して送られた言葉だけはいいものも悪いものもしっかりと頭にファイリングします。君のいいところをわかっているのは私だけ、というこのセリフには、「他のヤツからは俺は評価されてないとでも言うのか」と反感を持たれて終わりです。また、彼らにとって会社にいるときの自分は、たくさん持っているキャラクターの中のごく一部に過ぎません。仮の姿である自分のことを「わかっている」と言われても、嬉しくもなんともないのです。

封印ゼリフ④

「世の中はお前が思っているほど甘くないぞ」

↓オッサンが言っている世の中っていつの時代だよ！と突っ込まれて終わりです。

新聞もろくに読まず国際情勢にも鈍感であるにもかかわらず、ネットを通じたコミュニケーションで多くの人達と繋がっているため、上司よりも広い世界を知っているつもりでいます。だからこそ、会社だけで生きている上司世代の方が、小さくまとまっているように見えます。この「知ってるつもり」で世の中を渡り歩けると思っているのも〈キング・オブ・シュガー〉だからこそ。プライドが高いため、他人の「お前よりも俺の方が〇〇についてくわしい」という態度が許せないのです。

封印ゼリフ⑤

「このプロジェクトが終わったら、うまいもん食わせてやるぞ！」

↓うまいもんをごちそうしてくれるとなれば、〈キング・オブ・シュガー〉ももちろんついてきます。でも、それをニンジンのように散らつかせる上司には反感を持ちます。異性の部下だった場合は、セクハラだと取られることも。大きな仕事が終わった後でもそれほどの感慨もない彼らですから、うまい物は食べたいけれど、仕事が終わった後の感動を上司と共有し合う、ということは正直面倒くさいだけなのです。

封印ゼリフ⑥

「そんなことを言うなんて、君って実はシュガー社員なのでは？」

↓なぜ言ってはいけないのかは、もうおわかりですね？

彼らは、仕事の素晴らしさ、世の中の厳しさを熱弁するあなたの話を聞いているフリをして、恐らくこう思っているはずです。

「そんなこと勝手に思われても、ちょっと迷惑っつうか、ウザイんですけど。そもそもこの会社に、一生いるわけじゃないし。ま、上司を敵には回したくないんで、とりあえず頷いておきますけどね」

そんな彼らに、いつまでも熱い言葉をぶつけることが、正しい教育だと思われますか？　拙著『シュガー社員から会社を守れ』において私は、シュガー社員には向上心がなく、教育しても思うような成果が上がらないと結論づけました。ビジネスに関する資格を取得しても「スキルを使いこなそう」ではなく「持っているといいことあるかも」「ワタシはこの資格を持っているだけ。あとは会社がワタシのことをうまく使ってちょうだい」といった感覚で企業に労働力を提供するという意識が非常に希薄なのです。もちろん、最初は意識が希薄で、シュガー社員っぽい言動や甘さがあっても、企業の中でもまれていくうちに、仕事に目覚め、シュガー社員から脱皮するケースもままあります。ただし〈キング・オブ・シュガー〉以外は、の話ですが。

それでも、「この会社にいてもまったくおもしろくない。ワタシがするべき仕事じゃない」と思った場合、3年以内に〈キング・オブ・シュガー〉は転職をするでしょう。

3年以上悩まされている場合は大問題！

会社が社員に求めている「能力」と「センス」よりもその社員のレベルが「上」過ぎた社員も、「下」過ぎた社員も、たいていは3年で気がつき、自己改革をするか、もしくは自ら転職をするはずなのです。

問題はここから。3年が経ちました。でも、転職する気配も見せず、自分が全く成長していないことにすら気がつかず、気分だけイッパシのつもりで増長し続ける「もう新人ではないシュガー社員」をどう扱うかなのです。3年経てば、新人とは呼べませんし、言わせません。だからこそやっかいな存在になります（というわけで本書の冒頭の糖度チェックにて、「このチェックにあてはめた社員には、かれこれ3年以上手を焼いている」という設問の解答を一番の高ポイント＝10点としたのです）。向上心も愛社精神も、上司への気遣いも全くないまま4年目を迎えた〈キング・オブ・シュガー〉が現れたら大問題です。残念なことに、仕事のスキルを何も覚えてくれなかったわりには、彼らはきちんと理論武装力を身につけています。営業トークはサッパリでも、自分の権利を守るための語彙はしっかりと増やしているのです。

「それってパワハラ」

「それって時間外労働」

「それって私の職種に求められるスキルではない」

「それってブラック企業」

「そう言われても、大切なのはワーク・ライフ・バランスですから！」

〈キング・オブ・シュガー〉からこう言われたら、どんなに仏の心を持った上司であってもこう叫びたくなることでしょう。


「オマエがワーク・ライフ・バランスって言うな！」

しかしながら叫んでも何も良いことは待っていません。〈キング・オブ・シュガー〉

対策は、何度も申し上げますが熱血上司の心の叫びではないのです。

もしも、本当に先のセリフをあなたが叫んだとしたら、〈キング・オブ・シュガー〉はどのように返してくると思いますか？

「オマエがシュガー社員って言うな！ウチなんかどうせブラック企業じゃん！」

若手社員は、会社に骨を埋める気はさらさらありませんし、逆に言えば、会社が自分の一生をすべて保障してくれるとは、よほどの大企業で厚待遇を受けているか、公務員でもない限り思っていないでしょう。社長と私は一蓮托生という精神で生きてきた世代とは、そもそも帰属意識が別ものです。

また、会社の欠点や公表してはまずい部分は、社員は外部に対して隠そうとするのが当然だ、というのが今までの会社員のあるべき姿でした。会社が個人を守ってくれるのだから個人も会社を守らなければという相互関係があったのです。しかしそうした関係を期待してはいけません。会社のまずい部分を外部に対して隠したり、フォローしたりする必要性をもはや若手社員は感じていません。だからこそ自分の権利だけを必死に主張することが、生き延びる術であると感じているのでしょう。同時に、批判するべきところはとことん批判します。それが自分の直属の上司であり、自分の給料を出している会社であっても、まずい部分を批判することにより、自分の権利を勝ち取ろうとするわけです。

第三章

シュガー社員対策をきっかけに、
脱・ブラック企業をめざそう！

情熱を傾けるべきは会社の制度づくり！

〈キング・オブ・シュガー〉を更生させるには、彼らにつけこまれないような、会社の制度づくりが、遠回りのように見えて実は近道なのではないか？

社会保険労務士である私はそう考えます。今、あなたを悩ませている〈キング・オブ・シュガー〉が、運良く辞めてくれたとしても、来年またうっかり採用してしまうことも大いに考えられるでしょう。めざすべきは、シュガー社員から「オマエがシュガー社員って言うな！　ウチなんかどうせブラック企業じゃないか」と永遠に言われないための会社づくりです。

あなたの会社の企業コンプライアンスは万全ですか？

シュガー社員は権利意識が強く、法令遵守《コンプライアンス》には誰よりも敏感です。経営者側からすると「仕事も半人前で、会社の利益を上げるどころか、迷惑ばかりかけているのに何を言っている」と思われるかもしれませんが、シュガー社員は自分の権利にはとことん忠実なのです。「10年早いよ」というセリフは通用しません。在籍中に得ることができなかった時間外労働の割増賃金や、年次有給休暇の買い上げなど、退職後に労働基準監督署に訴えることで自分の権利を遂行します。

これは、「シュガー社員が悪い」で片付けられる問題ではありません。法的に見れば、悪いのは圧倒的に雇用者側。雇用者のマネジメント不全の状態により起こることなのです。今までこうした問題が白日のもとにさらされなかったのは、終身雇用を盾に、会社が社員に甘えていたからでしょう。

「ウチの会社は大丈夫」

「あの子が、まさか訴えたりはしないだろう」

「そこまで知恵が回るヤツだと思えない」

私は今まで、経営者や人事担当の方からこのような言葉をどれだけ聞いてきたことでしょう。しかし実際に、そう思われている経営者の方が痛い思いをしているのです。社員が会社を退職してから法的に訴えたらどうすることもできません。そんな痛い思いをしながらも、その後、改善していった企業ではシュガー社員の発生率がグンと下がります。そして「今後のためにも、労働条件をきちんと文書にしておくべきですよ」と申し上げても、「いやいや、あの社員の性格が悪かっただけですよ。今度は性格重視でいい子を採用するから大丈夫」「今はそんなところに回す予算はない。会社がもっと儲かったら考えるよ」などと、真剣にならない方が痛い思いを繰り返しているのです。就業規則や実際の運営等に不備があり、そこを突かれて高い授業料を払っているにもかかわらず、本気で労務管理に取り組まれる経営者がまだまだ少ないことはとても残念に思います。労働条件を整備しなければ次に入社した社員が再び同じことをやらかす可能性は非常に高いのです。

シュガー社員発生のメカニズムを調べていくと、過保護な家庭環境で育てられた子供がほとんど。ちょっとしたトラブルには親が前面に出てきます（これが過剰になったタイプが〈ヘリ親依存型〉というわけです）。

モンスターペアレントという言葉もテレビドラマのテーマになるほどすっかり定着し、学校の教師が対応に苦慮しているというニュースもさほど珍しくはなくなりました。親は子供の足りない部分は自分がカバーして当然、という意識が強いため過保護に育てたという認識はあまりありません。実際、企業に怒鳴り込んだ親を見ても「会社が悪いことをしているから、私達が見守ってないといけない」と公言する方が非常に多いのです。

「なぜ残業させるのか。時間通りに帰して欲しい」

「転勤させると一人暮らしをさせないといけないからダメ」

「最近疲れているようなので、ウチの子を営業部からはずしてくれ」

などは、まだ序の口です。先日聞いたお話では、朝イチでその子が直行する予定のクライアント先に、「お世話になっております。○○社営業部、山田の母でございますが、息子が熱を出しましたので、今日の9時の打ち合わせはキャンセルということにして下さい、息子は行きませんので」と電話をかけたという驚愕のものもありました。

子供中心の育児法によりノンストレス状態の家庭環境の中で成長した子供は、社会人になってからも自分本位でしか物事を考えられません。親から、社会人としての自立を精神的にも経済的にも促されることになるのは、まだまだ先のこと。親からお小遣いを貰っている二〇代社会人など、掃いて捨てるほどいます。三〇代後半、もしくは40歳を迎えた頃になって初めて、「そろそろあなたも自立したら?」と言われるのです。

また、ヘリ親に限らず、好景気を享受してきたシュガー社員の親世代は、「あなたは、絶対に損をする側に回ってはいけない」と長年かけて我が子に刷り込んでいます。その教えをシュガー社員世代はしっかりと心に刻んでおり、企業という場で「損をしない自分」であるために努力するのです。その結果が「自分の権利には忠実に。貰えるものは絶対に貰う」という考え方に繋がります。つまり、「たまたま性格の悪い社員だけが訴えを起こす」という経営者の方の考えは、それこそ甘過ぎるのです。


さてお待たせいたしました！

ここで、皆さんの会社の〈あなたの会社のブラック企業度チェック〉を行いましょう。改めて確認しておきますが、ブラック企業とは優良企業の反対の意味で、いわゆる「黒いこと（悪いこと）」をやっている企業のことを言います。昨今、インターネットの掲示板で浸透してきた造語ですが、何も詐欺商法や商品を偽装している企業だけを指すものではありません。シュガー社員を採用したくない企業と同様に、若者達も、「ブラック企業を見抜きながら就職活動を行いたい」とアンテナを張り巡らせています。

例えば、インターネットの掲示板には、業種で批判をしたり、会社の実名を挙げて書かれているリストが氾濫しています。

ここで一部抜粋しましょう。もちろん信憑性は定かではありませんので、本書では、社名が書かれていた箇所は●●●で伏せて（　）でその業種を記しました。

＊＊＊＊＊＊

●●●●（外食関係）→超激務・超薄給・スキルもつかない上に宗教系。共産系の労組は機能しているが…。
●●●●（通信関係）→飛び込み・体育会系。不正を犯し社会問題になった企業
●●●●（リフォーム関係）→超激務・詐欺・社長が学生
［商品先物］→超激務・詐欺営業・人格否定・客に刺し殺された社員も（しかも裁判負けた）。
●●●●（不動産関係）→社員へ暴力・高ノルマ営業

●●●●●（ＩＴ関係）↓社風が宗教チック。早々に内定を出し大学4年の5月から研修。プライバシーゼロ。社員を家族扱い。
●●●●●（小売業関係）↓薄給激務・肉体労働。幹部にはなれません。
●●●●●（出版関係）↓飛び込みで客をだまし高価な教材を購入させる。超ノルマ主義。
●●●●●（旅行関係）↓業界最大手で人気があり、一見優良企業に思うが、超激務。基本的に旅行業は超激務。
●●●●●（派遣会社）↓労災隠蔽・宗教・超薄給、偽装○○○派遣の老舗、正社員が時給で働く。危険な派遣先が多く、指・腕・足切断日常茶飯事！
【着物販売会社】↓知人友人をなくす押し売り営業。ここに限らず、一般に個人相手の営業で辛くないのは医者だけ。
【郊外型紳士服チェーン店】↓仕事内容はまさにブルーカラー。寝て起きて仕事してしかできなくなる。
●●●●●（ＩＴ関係）↓超薄給、実質昇給なし、ボーナス他社の半額以下、上司の好みで額決定。

【宝飾業界】↓連日の高級住宅街廻り。日曜祝日なし。五〇代のオバサンと寝たい人にはお薦め。

【アパレル販売】（外資除外）↓販売ノルマに追われる日々。固定客を掴める勝ち組はごく一部。売り場リーダークラスにならないと悲惨な給料。

****

読んでいるだけで気落ちするほどネガティブな意見の羅列ですね。たかが匿名の掲示板の話だろう、と思われる方がいるかもしれません。しかし、忘れてはならないのが、会社名を検索すれば、誰でもこうした掲示板に行き当たることができるということ。そして真偽はどうであれ、実際その会社にいた人間（もしくは今でも在籍している人間）がこうした情報を発信している可能性が大きいということです。こうした情報を事前知識としてインプットした上で入社する若手社員達。ちょっと叱っただけで「パワハラを受けた」と解釈され、残業を命令すると「安い給料で搾取された」と過剰反応するのも無理はありません。

そうした現実を踏まえ、あなたの会社が、若手社員から見て「ブラック企業」にあてはまってしまうのかどうかをここでチェックしてみて下さい。

本書冒頭のあなたの部下の〈シュガー社員糖度〉チェックはノリノリでできたけれど、こっちは気が重いという方。それではフェアではありません。正直にお答え下さい。

あなたの会社の〈ブラック企業度〉チェック

それぞれの質問をあなたの会社にあてはめて、YES／NOでお答えください。合計点がそのままブラック企業度になります。

●「土日完全休暇」、「昇給年1回」など求人広告の内容にウソやごまかしがある。
YES（3点）　NO（1点）

●遅刻や突然の退職には罰金制度があり、支払う給与額が、実際に支払わなければならない額の半額以下になる社員が存在する。
YES（5点）　NO（1点）

●新卒採用の50％以上が、1年以内に退職する。
YES（2点）　NO（1点）

●本人の仕事の進捗具合によってサービス残業はあって当然だが、前日が遅かったという理由での遅刻、欠勤は厳しく罰する。
YES（3点）　NO（1点）

●試用期間中は社会保険に加入させない。
YES（4点）　NO（1点）

●入社時に自社製品を買わせたり、自己啓発セミナーへの参加を強制したことがある。

YES（2点）　NO（1点）

●禁煙・分煙が徹底されていない。
YES（2点）　NO（1点）

●有給休暇をなかなか取らせない。若手なのに堂々と申請する社員には、イヤミの一つくらい言うのが当然だ。
YES（2点）　NO（1点）

●違法行為、モラルに反すると思われることも、社長の鶴の一声であれば異論・反論を挟む余地はない。
YES（2点）　NO（1点）

●社員数は10名以上だが就業規則は社員に見せられない、もしくは存在しない。
YES（5点）　NO（1点）

●平社員や契約社員の声を上層部に吸い上げるシステムがなく、風通しが悪い。
ＹＥＳ（４点）　ＮＯ（１点）

●社内不倫やコネ入社が横行するなど人間関係がぐちゃぐちゃである。
ＹＥＳ（３点）　ＮＯ（１点）

●仕事ができて意見をどんどん言う社員よりも、上層部に従順な忠犬社員の方が大切にされている。
ＹＥＳ（３点）　ＮＯ（１点）

●会社の過失を、すぐに下請けのせいにしたり、アルバイトなど非正規雇用者の責任に転嫁して言い逃れする風潮がある。
ＹＥＳ（２点）　ＮＯ（１点）

●社員が労働条件にクレームをつけた場合には「嫌なら辞めろ」と言われるのが普通だ。

YES（3点）　NO（1点）

●経費削減、給与カットを続行しながら、上層部は相変わらずゴルフや酒に勤しんでいる。

YES（2点）　NO（1点）

●男女格差が激しい。社員の数は半々なのに、管理職はほとんど男性だ。

YES（2点）　NO（1点）

合計点はいくらでしたか？　あなたの会社のブラック企業度は以下のとおりです。

●ブラック企業度15点以下

おめでとうございます。御社はブラック企業ではありません。シロです。今までどおりの社員教育をして下さい。試しにこのチェックを若手社員の方にもさせてみてはどうでしょう？　違った結果が出てくるかもしれません。

●ブラック企業度16点〜20点

〈ややグレー企業〉御社が零細企業であり、長年勤めている社員だけで組織化されているのであれば、さほど問題は起きませんが、今後若手社員を雇用したいと思うのであれば、今から労務管理の見直しをした方がよいでしょう。

●ブラック企業度21点〜30点

〈かなりブラック企業〉入社してから短い期間で退職する社員が多いのではないでしょうか。堪え性のない若者が増えてはいますが、それだけではない部分もありそうです。外部の人に意見を聞くなど、組織診断をして企業風土の検証をした方がいいでしょう。

●ブラック企業度31点以上

残念ながら、御社は〈漆黒のブラック企業〉です。そしてあなたも、そのブラック団の一員です。社内で封殺できない大問題が起こるのも時間の問題かと思われます。退職した社員から恨みつらみを言われた経験はありませんか？　シュガー社員とのトラブルにも慣れたもので、今さらという感じでしょうか。しかし、会社を次世代に引き継ぐ気持ちがあるのなら、今すぐ改善して下さい。

「これくらい、どの企業もあるだろう、どうってことないよ」と声には出さずとも思われる方も多いと思います。しかし、どれか一つでも当てはまれば、若手社員からは即「ブラック企業」の烙印を押されてしまうのです。

シュガー社員糖度がゼロの、カンペキ社員が現実にはいないように、ブラック度ゼロのカンペキ清廉潔白な企業もお見かけすることはないように思えます。しかしここに甘んじると若手社員が早々とシュガー社員化し、さらにそのシュガー社員を戦力化することはほとんど不可能になるのです。

私が講演会を行うと、質疑応答の際にいつも「シュガー社員の存在はわかった。我

皆で黒けりゃ怖くない!?
下請けが勝手に。
課長が勝手に!!
契約社員が勝手に。
ヒョイ
シュガー社員のアイツが勝手に…

が社にもいる。だけど簡単にクビにはできない。だったら戦力化するしかない。どうすればよいのか」というご質問を受けます。

しかし、当のシュガー社員が、自分の会社をブラック企業と認定してしまった場合、本当に会社のために戦力となって戦ってくれるでしょうか。実際、シュガー社員の話題がメディアに取り上げられるたびに、インターネット上にはマグマのような怒りのコメントが寄せられるのです。

「また若者叩きですか？　オレらより仕事ができない管理職のことは書かないのですか？」

「会社なんてさんざん良いこといいながら、いらなくなったらポイするくせに」

「仕事で人が成長できるなんて思えない」

「そもそも、シュガー社員を採用した人事担当者は無能じゃないの？」

自分をこき下ろされたと思うのと同時に、「それじゃあ、そっちはどうなんだ」と会社や上司に対する恨みが噴出しているようです。ここまでの激しい憎悪を持っている社員に「戦力になって欲しい」という気持ちが伝わるでしょうか。

ネット上では毎日過激にブラック企業情報が活発に交換されているのです。求人広告からブラック企業かどうかを見分ける方法さえも、ネットを探せば出てきます。「これくらいは会社のためにわかってくれるだろう」は通用せず、本気で労務管理に取り組まなければシュガー社員を戦力化することは不可能に近いでしょう。

事例で検証　労働問題はこうして事件化する！

さて、ブラック度はわかったけれども、具体的にどこをどうすれば改善できるのか、それがシュガー社員を更生することとどう繋がるのかがピンとこない、という読者の方も多くいらっしゃるはずです。ここでは、中小企業がコンプライアンスや緻密な労務管理を怠ったがゆえに実際に起きた労働事件をいくつか検証しましょう。

尚、会社を訴えた方が、すべてシュガー社員ということではありません。法律に定めてあることは働く側からすれば当然の権利なのです。今までの世の中が、あまりにも働く側の権利をおざなりにしていたという一面もあります。

企業が家族的経営に依存し「利益がでたらきちんと還元するからそれまでは頑張って欲しい」「会社で決めたことがすべて正しい」という魔法の言葉が通用しなくなっ

たことを知っておいていただきたいのです。

＊＊＊＊＊＊＊

【事例1】茶髪で解雇　平成19年5月（朝日新聞より抜粋）

ビジュアル系バンドや少女漫画が好き。そんな16歳の少女が、髪の色を理由にアルバイト先の店長から突然、クビを通告された。「納得できない」。彼女は闘うことを決めた。個人加盟できる労働組合・ユニオンに入り会社と交渉、撤回させた。（彼女は）3月、ファミレスの新店長に「髪の色を黒くしなさい」と指示された。極端な茶髪ではないし、店では規則通りに束ねている。1週間考えた後、拒否した。店長からは「それなら一緒に働けない」と告げられたという。「1年間、一生懸命働いて時給も20円上げてもらった。それが髪の色だけで否定されることが悔やしかった」。派遣ユニオンに入って交渉することにした。4月の団体交渉には、同ユニオンの16人が支援に駆けつけてくれた。会社側は「解雇通告だというのは誤解」と説明。店長の「クビ」発言についてもはっきり認めない。だが彼女は「一緒に働けないと言われたら、クビと同じじゃないですか」と思いをぶつけた。交渉の結果、会社は、髪を黒くしなくても今までどおり働くことを認めた。

＊＊＊＊＊＊

前の店長のときは茶髪も認められたのに、新しい店長は認めてくれない——上司やリーダーが代わると、社内のルールが急に変更されるケースがよくあります。この場合、新たに店長になった方は、今までの経験を踏まえ店をより良くしようと思って茶髪を禁止にしたのかもしれませんが、こうして新聞に出てしまうほどの大事になったのは一体どこに問題があったのでしょうか。

検証1●就業規則で決めていることが、法的にすべて正しいのか？

今まで放置しておきながら突然ダメと言い出し、社員から拒否されると「就業規則で決められているから」では、働く側は納得しません。従業員に注意をする際、権力でゴリ押しすることは通用しなくなってきています。働く側の労働法の知識も格段に上がった現実を踏まえると、いかに相手に対し、丁寧かつ納得させられる説明ができるのか、マネジメント力が問われるところです。今回のケースでも、前の店長の時は茶髪が許され、どうして新しい店長はダメと言うのかを「会社で決まっている」「飲食店だから当たり前だろう」では働く側は理解も納得もできないと思います。また、採用の際はどうだったのかも気になります。事前に茶髪はダメだと告げていたのかどうか。採用後にハードルを上げる際はよほどスムーズに事を運ばない限りゴタゴタしてしまうのです。

この場合は、なぜ飲食店で茶髪が不向きなのかをきちんと説明した上で、口頭で個人に注意をするのではなく、チェーン店もあるお店のようですから全店一斉に通達を出し、その上でどうするのかを従業員に判断させるという方法がベターではないかと思います。

検証2●「一緒に働けない」という言葉は解雇と同じ意味⁉

茶髪を黒に染め直すことを拒否された店長は「一緒に働けない」と言ってしまいました。危機感を与えるつもりの発言も、今や即解雇通告と受け取られてしまいます。

従業員と話し合いの場を設けて、注意をする際は、いきなり解雇まで持っていくのか、注意だけに留めるのか、事前に絵を描いておいた方がいいでしょう。解雇が念頭になければ、必ず最後に「これからも頑張って欲しい」とつけ加え、今後も雇用する意思があるということを示して下さい。話し合いによっては解雇もあり得るという場合、曖昧な状態で終わらせていないか気をつけなければいけません。

経営者「こういう状態が続けば、会社としてもあなたの処遇を考えなければならない。できないのなら辞めてくれ」

社員「じゃあ、退職します」

さて突然ですがここで問題です。この会話で話し合いが終わった場合、社員の離職理由は「自己都合」でしょうか、それとも「解雇」でしょうか?

経営者側に明確な解雇の意思があり、相手も解雇されたと受け取った場合は問題なく「解雇(会社都合)」として成立します。しかし、会社側は社員から「辞めます」と言ったのだから自己都合だと思い、社員側は「辞めてくれ」と言われたから解雇されたと受け取ることもあるでしょう。そこから解雇予告手当の問題や退職金の金額にまで影響が出てしまうのです。

検証3●髪を黒くしなくてもこのまま働くことを認めた

＊＊＊＊＊＊

(労働資料館　弁護士　高根英樹氏のホームページより抜粋)

人の髪の色、髪形、容姿、服装などは、人格や自由に関する重要な事項ですから、原則的には、他者がこれに干渉することは許されません。しかし、企業には、業務を円滑に遂行するため、職場の秩序を維持することが必要になり、そのために労働者に対し、一定の指導等を行うことも許されます。これは、一般に業務命令という形で行われます。また、就業規則に懲戒解雇事由の一つとして「素行不良で著しく会社内の秩序または風紀を乱したとき」を掲げ、この条項に該当するとして処分する場合も考えられます。

そこで企業が労働者に対し、人格や自由に関する事項について、どの程度干渉し得るのかが問題となるのです。一般に、企業は企業内の秩序の維持・確保のために、労働者に必要な規制、指示、命令等を行うことが許されますが、これは労働者が企業の一般的支配に服することを意味するものではなく、おのずとその権限の本質に伴う限界があるのです。特に、労働者の髪の色、形、容姿、服装などといった人の人格や自由に関する事柄については、企業の制限行為は無制限に許されるものではなく、企業の円滑な運営上必要かつ合理的な範囲内にとどまるべきであり、具体的制限行為の内容は、制限の必要性、合理性、手段方法としての相当性を欠くことのないよう特段の配慮が要請されるものであります。

＊＊＊＊＊＊＊

飲食店従業員の茶髪に対し、クレームをつけてくるお客様はまずいないと思われます。しかしながら一番怖いのは「無言のクレーム」であり、お客様が「飲食店の店員で茶髪？」という認識を持てばあえてクレームは口に出さずとも「あの店はなんとなくイヤだわ」と別のお店に行ってしまうことも考えられるのです。これは何も飲食店だけのトラブルではありません。どんな職種であれ、無言のクレームにより大事なクライアントを失くす可能性は大いに考えられます。

極端なことを言えば、飲食店で茶髪を禁止するのであれば、ヘアカラーの見本を備えつけておくくらいの気概が必要かと思われます。見本よりも色が濃ければ勤務できないなどの体制を敷いておけばこれほどの大事にはならなかったでしょう。ましてや今回の件で茶髪を許してしまったわけですから、この企業ではもう「茶髪がダメ」ということは誰にも言えなくなってしまったのです。

【事例2】名ばかり管理職問題　平成20年7月（朝日新聞より抜粋）

＊＊＊＊＊＊＊

今月末で廃業する日雇い派遣大手グッドウィルの元支店長と現役支店長が、管理職時代の残業代の支払いを求め、支援労組を通じて週明けにも会社に団体交渉を申し入れる。請求額は一人あたり３００万円以上に上る見通しだ。同社には１０００人以上の支店長経験者がおり、今後、請求が相次げば、請求総額は数十億円に達する可能性もある。

二〇代の元支店長によると、06年1月から08年4月まで、労働基準法上、残業代が支払われない管理監督者扱いをされてきた。しかし、アルバイトに支払う残業代を節約するため、上司から「アルバイトを帰らせて支店長が残るように」と、たびたびメールや電話で指示され、月平均60～80時間程度の残業をしてきた。

部下の採用や時給の引き上げなども支店長の裁量では決められず、上司の決裁が必要だった。月1回の支店長会議も、上司が経営方針を説明し、各支店長が業績を報告するだけで、元支店長は「とても経営に関与するような立場ではなく、『名ばかり管理職』だった」と主張する。

この二人以外にも複数の支店長経験者が残業代を請求する準備を進めているという。支援する派遣ユニオンの関根秀一郎書記長は「突然の合意退職の申し入れで社員の不満もたまっており、廃業を契機に一気に未払い残業代の請求が広がる可能性が高い」と話す。今後、全国の支店長経験者らに未払い残業代の請求を呼びかけていく。

グッドウィルは「個別に判断し、法律上、支払う必要があれば支払う」（広報室）としている。

＊＊＊＊＊＊＊

管理職や役職者になれば、役職手当がつくのだから、時間外手当は支払わなくてもいい……こうした考えが、都市伝説のように広がり、多くの企業が当たり前にこの制度を導入しているようです。しかし、これは由々しき問題。

管理職・役職者＝時間外手当を支払わなくてもいい。

ではなく、「労働基準法で定められている管理監督者」でなければ、役職者であっても時間外手当は支払わなければならないのです。

〔労働基準法第41条〕では、管理監督者の範囲について、行政通達は、経営と一体的な立場にある者の意であり、これに該当するかどうかは、名称にとらわれず、その職務と職責、勤務態様、その地位にふさわしい待遇がなされているか否か等、実態に照らして判断すべき（昭和22年9月13日基発第27号、昭和63年3月14日基発第150号）としています。

【名ばかり管理職問題を回避する4つのポイント】

1. 経営方針の決定に参画し、または労務管理上の指揮権限を有している
2. 出退勤について厳格な規制を受けず、自己の勤務時間について自由裁量を有する地位にある
3. 職務の重要性に見合う十分な役付手当等が支給されている
4. 賞与について一般労働者に比べて優遇措置が講じられている

各社の実態としては「課長」以上を管理監督者として扱っている例が多いようですが、必ずしも、法的に妥当でない場合もあります。課長について管理監督者でないと

した裁判例に、以下のようなものがあります。

＊＊＊＊＊＊＊

「管理監督者とは、従業員の労働条件の決定その他労務管理について経営者と一体的立場にある者をいうと解すべきところ、課長に就任したことによって原告が従業員の労務管理等について何らかの権限を与えられたとの主張立証はなく、役職手当が支給されたり…（中略）…多少の優遇措置が採られるようになったことは認められるものの、これらのみでは、原告が右監督管理者に該当するとはいい難い」（平成11年6月25日・大阪地判・関西事務センター事件）

＊＊＊＊＊＊＊

「原告は、被告課長に昇進後は、被告大阪工場内の人事等にも関与したが、独自の決定権を有していたものではなく、上司を補佐し、上司から与えられた仕事をこなしていた域を出ないものであって、被告の重要事項についての決定権限はなかったこと…（中略）…その職務内容（質及び量）・給料・勤務時間の取扱等について、右課長昇進前後でほとんど差異がなかったのだから、労働基準法第四十一条二号所定の管理監督者には該当しない」（昭和58年7月12日・大阪地判・サンド事件）

＊＊＊＊＊＊

このほか、銀行本店の調査役補（支店長代理相当）について、出退勤管理を受け部下の人事、銀行の機密に関与せず、上司の手足となって部下を指導育成したに過ぎなく、経営者と一体となって銀行経営を左右するような仕事には全く携わっていないことから本条の管理監督者にあたらないとしたもの（昭和53年3月26日・静岡地判・静岡銀行事件）などもあります。

こうした判断基準や判例に照らして、管理監督者に該当しない場合は、使用者側に対し時間外・休日労働の割増賃金の支払いを求めることもできます。（茨城労働局ホームページより抜粋）

名ばかり管理職問題

ここで先ほど取り上げた「名ばかり管理職問題を回避する4つのポイント」を検証しましょう。

1．経営方針の決定に参画し、または労務管理上の指揮権限を有している

↓役員会や経営会議への出席義務があり、採用や解雇の権限がある場合を言います。経営者と一体となった立場があるかどうかがポイントなのです。役職さえつければ時間外手当を支払わなくてもいいという発想はここで木っ端みじんに砕け散るはずです。

2．出退勤について厳格な規制を受けず、自己の勤務時間について自由裁量を有する地位にある

↓出勤、退勤が本人の意思によるもので、企業から勤務時間の制限を何一つ受けていない状態です。実際にこうしたことが許されている人は、管理職の中でも一握りしかいないはず。しかし、経営者によって自由裁量の受け止め方に、かなり温度差があるようです。
以前、北海道の中小企業の経営者であるBさんが私にこう仰っていました。
Bさん：「ウチの会社の管理監督者は係長以上から時間外を払っていません。出勤時間も自由なんです。だから大丈夫ですよね？」
田北：「出退勤が自由というのは大事なポイントですね」
Bさん：「ええ、確かに自由なんですが、しかし……シフトが組まれているため、自由出勤ではありますが、そのシフトの時間には必ず出勤しなければならないんですがね」
田北：「それは出退勤が自由とは言わないのではないですか？」
Bさん：「しかしですね、そのシフト決めを係長には自由に作らせているのです。休日をいつに設定しようが、早番・遅番を何曜日にしようが自由です。これは、出退勤が自由ということになるでしょう」
――なりません！　そう申し上げると、Bさんはとても残念そうな顔をされていました。勤務時間の決定は本人の裁量が働かなければ自由とは言わないのです。企業は限りなくグレーゾーンを追い求めますが、労働法に関していえば白に近いものは少

	役職部分	固定時間外手当	役職手当合計
部長	30,000	70,000	100,000
課長	20,000	40,000	60,000
係長	10,000	30,000	40,000

なく、どちらかといえばグレーな部分は黒に転がりやすいのです。

3．職務の重要性に見合う十分な役付手当等が支給されている

時間外が発生した場合、割増賃金を支払うことから除外されている管理監督者ですから、時間外手当の代わりになる役付手当は十分な金額でなければなりません。

小額の役付手当を支払い、無制限に勤務されることを防ぐためです。企業は役付手当が時間外手当の代わりだと言っているケースもあるようですが、その根拠も就業規則などに明示していなければ認められません。あっせん等に持ち込まれるケースで、意外に多いのが役付手当をめぐる争いなのです。企業が役職者だからと時間外手当を支払っていなかった場合、その役職者が労働基準法で認める管理監督者でなければ、割増賃金の支払いが生じてきます。ここで企業側の言い分として「役職手当は時間外手当の代わりに支払っている」という言葉をよく耳にしますが、その根拠を問われると、ほと

んどの企業が窮してしまいます。前著でも書きましたが、

「基本給に時間外手当が含まれている」

「役職手当には時間外手当が含まれている」

というのは、あまりにもザックリ過ぎる判断です。その根拠を、就業規則等に明記しなければならないのですが、これでは書き込んだところで、何か訴訟問題が起きた時には会社を守ることができないでしょう。就業規則には以下のように書き込むのがよいでしょう。


【賃金規程の例】

第○条（役職手当）
役職手当は役職に応じて毎月支払う。ただし、役職手当には時間外手当が含まれており内訳は以下の通りとする。
※　月の時間外労働が固定時間外の金額を超えた場合、その差額を支払うものとする。

ただしこの固定時間外という手当、本来は時間外労働を行わない社員にまで支払わ

れていた場合は、本来の手当の性格からは著しくかけ離れてしまうため、根拠不十分として認められませんのでご注意下さい。

4．賞与について一般労働者に比べて優遇措置が講じられている

経営者と一体の立場にある者ということを考えれば、経営者の報酬により近い報酬を得ていることが最大の要件です。時間外労働をした分を金額に換算したとき、一般労働者の給与より低いということでは、まさに「名ばかり管理職」です。労働基準法の管理監督者に該当しなくても本人の裁量でできる業務内容であれば「裁量労働制」や「フレックスタイム制」などで弾力的な労働時間の管理ができます。

中間管理職が知っておきたい法律知識

権利意識の強いシュガー社員に、入社早々に、「有給休暇を取りたいのですが、どうなっていますか?」「残業するのはいいですけれど、時間外の割増賃金は支払っていただけますよね?」と聞かれ、そんなこと言い出す社員は今までいなかったからと

つい頭に血が上って、「ウチの会社にはそんなものはない！」と恫喝してしまい、トラブルに発展するケースが多々あります。

こうした場合、時間外手当を請求する社員が悪いのではなく、法律を守らない企業に問題があると、世の中の流れがメッセージを発しています。実際、労働問題で報道されるのは企業にとって旗色の悪いものばかりです。

企業と従業員の間には深くて長い溝が横たわっているのです。昨今のリストラ問題もそうですが、この溝を埋める努力を企業はしていかなければなりません。例えば、企業がモチベーションを上げるために人事考課制度を導入し、報酬に「やりがい」を見出しても、よほど大きな差がつかない限りは「働いた時間分、きっちり支払って欲しい。評価はそこからでしょ」と思う若手社員が意外と多いのです。

インターネットの情報量も侮れません。時間外手当、有給休暇、休日出勤手当、深夜割増など検索すれば何十万件とヒットし、もし企業が手当を支払わなければどこに訴えればよいかなどとても親切なサイトが多数存在します。「このことは社員に知られたくない」といった内緒の労務管理ができなくなってきているのです。シュガー社員はもしかしたら、中間管理職の皆様より労働法に秀でているかもしれません。

「え〜っ!? こんなことも知らないの？ 何年会社員やってんだよ！」とシュガー社員に言われないためにも、職場生活に密接に関連する法律は知っておいていただきたいと思います。

それではここでまた、ブラック企業の烙印を押されないための、労働法に関する問題です。正しいと思う答えを、①〜③の中から選んでください。

【問題1】

従業員を採用したが、試用期間3カ月の間に業務に対する適格性がないと見たため解雇することとしました（試用期間があることは、面接時に本人にも伝えてあります）。さてこの場合、試用期間中の解雇ですが、30日前の解雇予告または、30日分の解雇予告手当は必要ですか？

① 就業規則に試用期間中の解雇は解雇予告手当が不要であると規定されているため、支払う必要はない。

② 試用期間中であっても採用から14日を超えた場合、解雇予告手当が必要になる。

③ 試用期間中に関係なく、仕事ができないのは本人の問題なのだから解雇予告も解雇予告手当も必要ない。

……正解は②です。その根拠として、〈労働基準法21条4項〉を知っておきましょう。

試用期間とは最初から正規雇用とするのではなく、労働者の業務上の適格性を判断した上で企業とのミスマッチを避けるために設けられた期間ともいえます。この期間は企業によって3カ月、6カ月と設けているケースが多いのですが、試用期間中に解雇する場合、採用から14日以内であれば解雇予告手当を支払わずに解雇することができます。この「14日間」の数え方も重要です。採用日からの暦の日数で数えます。営業日で数えてしまうと（つまり土・日を除いたりすると）、14日を超えてしまい解雇予告手当の支払いが発生します。

ところで解雇予告や解雇予告手当について、正しく認識していますか？　この際、こちらもきちんと抑えておきましょう。

●解雇予告とは？

企業から労働者を解雇する場合、突然の退職による所得の逸失を防ぐため、企業に対し30日前に予告を義務づけるもの。

●解雇予告手当とは？

企業から労働者を解雇する場合、突然の退職による所得の逸失を防ぐため、企業に対し30日分の所得補償を義務づけるもの。

つまり従業員を解雇する場合は、30日前に予告するか、30日分の平均賃金を支払えば、労働基準法の法律を一つクリアしたことになります。

では解雇予告手当に関する問題です。

【問題2】

明らかに業務を怠ったある従業員を即日解雇とすることにしました。その従業員は

解雇に納得し、解雇予告手当は最後の給料日に給与として支払う旨、その従業員の同意をとりつけました。話は一応、円満に終わりましたが、何か問題はあるでしょうか？

① 解雇予告手当をきちんと支払うのであれば問題はない。
② 即日解雇の場合は、解雇予告手当はすぐに支払わなければならない。
③ 即日解雇の場合は、解雇予告手当はすぐに支払わなければならないが、従業員が同意してくれたのであれば問題はない。

……正解は②です。その根拠として、〈労働基準法第20条〉を知っておきましょう。

『使用者は、労働者を解雇しようとする場合においては、少なくとも30日前にその予告をしなければならない。30日前に予告をしない使用者は、30日分以上の平均賃金を支払わなくてはならない。但し、天災事変その他やむを得ない事由のために事業の継続が不可能となった場合または、労働者の責めに帰すべき事由（労働者に非があった場合）に基づいて解雇する場合においては、この限りでない。前項の予告の日数は、一日について平均賃金を支払った場合においては、その日数を短縮することができる』。

解雇予告手当と解雇通知は併用することが可能です。この解雇の効力はいつ発生するのかといえば解雇通知後30日を経過するか、解雇予告手当を支払うかのいずれか早いときから効力が発生します。つまり即日解雇をするのであればすぐに解雇予告手当を支払わなければ効力は発生しないということになります。

【問題3】

多額の業務上横領をした社員を即日懲戒解雇にしました。解雇予告や解雇予告手当は当然のことながら支払うつもりはありません。支払う必要はあるのでしょうか？

① 泥棒に追い銭の必要はないので支払わなくてもよい。

② 横領であってもあえて刑事事件にしないのであれば、解雇予告や解雇予告手当は支払わなければならない。

③ 事前に労働基準監督署長から「解雇予告除外認定」を受けなければ解雇予告や解雇予告手当は支払わなければならない。

……正解は③です。懲戒解雇は労働者の秩序違反行為に対する制裁として、最高の処分であり、解雇して従業員の身分を失わせしめる懲戒行為です。悪質な行為を行った労働者をいつまでも会社に出勤させるわけにもいかないため、「明日から会社に来るな！」と叫ぶ気持ちは理解できます。しかし、「懲戒解雇＝解雇予告手当を支払わなくてもいい」というのも誤った認識。正しくは、懲戒事由が発覚→労働者を自宅待機→労働基準監督署長の解雇予告除外認定を受ける→解雇予告除外認定が下りる→解雇予告手当を支払わずに解雇となります。

懲戒解雇というのは、ここまで多くの手続きを踏まないといけません。これを省くとどうなってしまうでしょうか？

懲戒事由が発覚→労働者を解雇→労働基準監督署長の解雇予告除外認定は受けられない→30日後に解雇は成立もしくは30日分の解雇予告手当を支払った後に解雇が成立、となってしまうのです。

労働基準監督署長の認定は「懲戒解雇を認める」というものではなく「懲戒処分に該当するので解雇予告手当を支払わずとも解雇してもいいですよ」ということだけなのです。

解雇予告除外認定を受ける前に解雇してしまえば、労働基準監督署長といえども遡及して除外認定を出すわけにはいかなくなります。ただし、もしも早々と解雇してしまい認定を受けられなかったからといって、懲戒解雇が無効になるわけではありません。懲戒解雇そのものは就業規則に懲戒事由が該当していれば有効となります。ただし、懲戒解雇された労働者から解雇予告や解雇予告手当の請求をされてしまえば支払い義務が発生してしまうのです。

もしも懲戒事由が発覚した際、次の手順を踏めば間違いはないでしょう。

労働者の懲戒事由が発覚

↓

就業規則の懲戒事由に該当するか否か確認

↓

労働者に自宅待機を命じる

↓

労働基準監督署に解雇予告手当除外認定を申請

○解雇予告除外認定事例

1、原則として極めて軽微なものを除き、事業場内における盗取、横領、傷害等刑法犯に該当する行為のあった場合。

2、一般的に見て「極めて軽微」な事案であっても、使用者があらかじめ不祥事件の防止について諸種の手段を講じていたことが客観的に認められ、しかもなお労働者が継続的に又は断続的に盗取、横領、傷害等の刑法犯又はこれに類する行為を行った場合。

3、事業場外で行われた盗取、横領、傷害等刑法犯に該当する行為であっても、それが著しく当該事業場の名誉若しくは信用を失墜するもの、取引関係に悪影響を与えるもの又は労使間の信頼関係を喪失せしめるものと認められる場合。

4、賭博、風紀紊乱等により職場規律を乱し、他の労働者に悪影響を及ぼす場合。 また、これらの行為が事業場外で行われた場合であっても、それが著しく当該事業場の名誉若しくは信用を失墜するもの、取引関係に悪影響を与えるもの又は労使間の信頼関係を喪失せしめるものと認められる場合。

5、雇入れの際の採用条件の要素となるような経歴を詐称した場合及び雇入れの際、使用者の行う調査に対し、不採用の原因となるような経歴を詐称した場合。

6、他の事業場へ転職した場合（無断かつ背信的な二重就職）

7、原則として2週間以上正当な理由なく無断欠勤し、出勤の督促に応じない場合

8、出勤不良又は出欠常ならず、数回にわたって注意を受けても改めない場合。

↓

労働基準監督署長より解雇予告除外認定が決定

↓

遡及して懲戒解雇成立

ちょっと頭が痛くなってしまいましたか？

解雇に関するやっかいな問題ばかり出してしまいました。

しかし、雇用の問題と解雇の問題はいつでもセットです。解雇とは、使用者から一方的に縁を切るということで、労働者側からすればどうしても遺恨の残るものとなるのです。円満退職という言葉があっても、円満解雇という言葉はあり得ません。

このような時こそ、法令遵守《コンプライアンス》が会社を守る盾となります。

シュガー社員トラブルシュミレーション問題

感情はルールでコントロールするしかありません。さまざまな事柄を省略することにより後から不当性を訴えられれば法律に従うしかないのです。中間管理職も義理・人情論を捨て、労務と人事の知識を養うことで理論武装を強化し、法律行為をおこなう際は事前に専門家に相談しながらくれぐれも慎重に進めて下さい。それでも専門家に相談するにはちょっと抵抗があるという方のために、実際に起こったシュガー社員絡みの事例をご紹介させていただきます。この事例を読まれて、ご自身だったらどう対処されるのか考えてみて下さい。
ここからご紹介する事例には、
①解雇できる
②解雇はできないが懲戒処分ならできる
③懲戒解雇できる
の三つの選択肢でお考え下さい。一読すると、「こんなヤツはクビにして当然だ！」と思われる事例ばかりですが、法律にあてはめると意外と簡単に処分は下せないことがおわかりいただけると思います。

●解雇　→会社側から一方的に労働契約を解除（わかりやすく言うとクビ）
●懲戒処分　→企業秩序の違反に対し、使用者によって課せられる一種の制裁罰（昭和38年6月21日・最高裁・十和田観光鉄道事件判決ほか）、わかりやく言うと会社に迷惑をかけた従業員に対して何らかの罰を与えること（出勤停止、減給、降格など）
●懲戒解雇　→従業員として悪質な場合、予告期間を置かずに解雇できる（即日解雇が可能）

【問題1】

社員6名の企業。就業規則はないが、社長が肺を患っているため、社員募集の必須条件として、「非喫煙者」であることを謳っていた。ところが、残業時間にある社員がタバコを日常的に吸っていたことが発覚。「会社を辞めてくれ」と伝えたところ、残業時間に吸っていただけなので問題ない。不当解雇だと訴えられた。

【検証】

さて、いかがでしょうか？　従業員との間に問題が起こったとき、最初に考えなければいけないのは「法律はどうなっているのか」です。一つ一つ法律にあてはめて問題点を浮き上がらせていきます。この時の問題点は従業員側の問題点はもちろんですが、会社側の問題点も浮き彫りにしなければなりません。まず検証すべきことは、この会社に「就業規則がない」ということです。〈労働基準法89条〉では、以下のように定められています。「常時10人以上の労働者を使用する使用者は、次に掲げる事項について就業規則を作成し、行政官庁に届け出なければならない」。

就業規則とは労働条件や職場の秩序を定め文書化したルールブックですが、法律上の作成義務や就業規則に定めなければ導入できない制度（後述）もありますので、企業にとって就業規則とは会社を守るための位置づけにあるものです。

ところが従業員数が10人未満の事業所は就業規則の作成や届出が義務づけられていません。この事例にある事業場の従業員数は10人未満ということで、法令違反には該当しないことになります。

では、社員募集の必須要件として「非喫煙者」であることを謳っていた、というのは問題になるのでしょうか？　契約実務の世界では、〈契約自由の原則〉というものがあり、採用基準、採否の決定など採用の自由が認められています。しかしながら採用の自由があるからといって企業が不当な求人広告を出したり、面接時に何を聞いてもよいということにはなりませんし、採用に関する法律もありますので好き放題できるわけでもありません。少しテーマから反れますが、〈契約自由の原則〉とともに、以下をセットで覚えておきましょう。

〈男女雇用機会均等法第5条〉

事業主は、労働者の募集及び採用について、女性に対して男性と均等な機会を与えなければならない。　↓しかし、強制ではありません。

〈障害者雇用促進法第5条〉

すべての事業主は、障害者の雇用に関し、社会連帯の理念に基づき、障害者である労働者が有為な職業人として自立しようとする努力に対して協力する責務を有するものであって、その有する能力を正当に評価し、適当な雇用の場を与えるとともに適正な雇用管理を行うことによりその雇用の安定を図るように努めなければならない。

↓こちらも、強制ではありません。


〈労働組合法第7条1項〉


使用者は、次の各号に掲げる行為をしてはならない。

労働者が労働組合の組合員であること、労働組合に加入し、若しくはこれを結成しようとしたこと若しくは労働組合の正当な行為をしたことの故をもって、その労働者を解雇し、その他これに対して不利益な取扱いをすること又は労働者が労働組合に加入せず、若しくは労働組合から脱退することを雇用条件とすること。（以下省略）

ここで話を戻します。「募集要項に非喫煙者であること」を謳うのは違法か否か？これは違法ではないと考えます。「喫煙」が本人にとっては生まれつきのどうしようもない問題とは言えず、基本的人権を侵すとは思えません。

では、タバコを吸わない人であることが採用基準であるにもかかわらず、それを偽って入社した場合、経歴詐称により解雇できるかということが検討材料になりますね。

経歴詐称といえば、数年前に学歴詐称で国会議員を辞めた方もいましたが、懲戒解雇できると判例で確立されているのは、真実の告知をしていれば採用しなかったなど採用の前提が覆された場合のみです。

経歴詐称で懲戒処分・解雇できるのは、学歴・職歴・犯罪歴の3つが判例で挙げられていますが、喫煙、非喫煙の告知はいずれにも該当しません。つまり懲戒処分・解雇可能な経歴詐称には該当しないということになるのです。

ポイント●解雇したところ不当解雇と言われた

解雇が有効であるためには次の要件のすべてを充足する必要があります。(『人事の法律常識』第7版・安西愈著/日経文庫刊より抜粋)

[1] 就業規則や労働協約の解雇事由に該当すること(ただし例示列挙とするのが通説)

[2] 就業規則や労働協約に解雇手続きに関する定めがあれば従うこと(規定に定めがある場合)

[3] 30日前に予告するか解雇予告手当を支払う

［4］法律上の解雇禁止に該当しないこと
［5］解雇の理由に相当性があること

今回の事例では［1］と［2］が不該当となり、就業規則に定めがないことで解雇や懲戒処分そのものができないことになってしまいます。

「えっ！　法律では常時10名未満の事業所は就業規則を作成しなくてもいいはずなのに、なんでこうなるの？」と思われる方もいらっしゃるのではないかと思います。

確かに常時10名未満の事業所では就業規則の作成は義務づけられていません。しかし、だからといってなんでもできるわけではなく、このことについては最高裁が「使用者が労働者を懲戒するにはあらかじめ就業規則において懲戒の種類及び事由を定めておくことを要する。そして就業規則が法的規範としての性質を有するものとして拘束力を生ずるためにはその内容が適用を受ける事業場の労働者に周知させる手続きが採られていることを要するものというべきである」（平成15年10月10日・最高裁・二小フジ興産事件判決）と判示しているのです。

つまり解雇でも懲戒処分（減給、降格、出勤停止）でも、どのような事を行えばそうなるのかを定め、従業員に告知していなければ「えっ、そんなことで懲戒処分だなんて初めて知りました」と言われてしまえばそこですべてが終わってしまうのです。

では就業規則の作成義務がない小規模な事業所ではどうすればよいのでしょう?

就業規則に代わるものを(服務規程など)作成し、事業場の壁に貼ったり、雇用契約書を結ぶ際に解雇や懲戒規程も盛り込み従業員から署名を貰うようにしておけば「知らなかった」とは言えなくなるわけです。いまだに就業規則が「労働者にとって有利になるからウチでは誰にも見せていない」という企業がありますが、シュガー社員が出現したとき、間違いなく悔しい思いをするのは企業なのです。

【問題1の解答】

今回の事例では解雇も懲戒処分も、懲戒解雇もできないことになります。就業規則を整備したとしてもその社員の喫煙が原因で社長の健康状態が悪くなった(社員がタバコを吸った後に社長の咳が止まらなくなる)などという事実関係がない限り、解雇は難しいでしょう。もし事業場でタバコを吸って欲しくなければ事業所内を禁煙にして、違反した場合に罰則を設けるなどの規定を作成しておけばよいと思います。

【問題２】

副社長と秘書が不倫をしていると、隠し撮りした密会写真をインターネット上にばらまいた社員。会社の信用を著しく下げたという理由で解雇しようとしたが、不倫をしていることは事実であり、社内的には暗黙裡に全員知っていること。事実を発表しただけなのにおかしいと解雇に応じない。解雇できるのか？

【検証】

ポイント●内部告発をした社員を解雇できるのか？

最近よく耳にするのが、この内部告発です。企業の不正事件はたいてい社内の関係者によるリークからだと聞きます。もちろん、食品偽造などの明らかな犯罪は、従業員といえども告発してしかるべきこと。しかし、不倫となると……その写真をインターネットにばらまくという行為自体は、褒められたものではないですね。また、従業員としての会社の名誉、信用を守る義務や企業秘密の守秘義務違反にならないのかが問題になります。また不倫をした幹部に対する名誉毀損が問題となる事例と言えますが、内部告発のルールを定めた公益通報者保護法（平成18年4月1日施行）に照らし合わせて見ていきます。

［1］保護の対象は労働者と派遣労働者及び公務員

［2］保護される告発の内容を個人の生命、身体、消費者の利益の擁護・環境の保全、公正な競争の確保、その他国民の生命・身体、財産その他の利益に危険や悪影響が及ぶ場合

［3］国民の利益の保護にかかわる法令（刑法、食品衛生法、証券取引法等）・規制違反の事実が存するとき又はその事実がまさに生じようとしている場合が通報（告発）対象となります。

同法では通報者を保護し、労働契約法16条（解雇権濫用の法理）の適用を妨げないこと、公益通報したことを理由とした解雇や労働者派遣契約の解除を無効とし、その他不利益な取り扱いを禁止しています。（『人事の法律常識』前出より抜粋）

今回のケースでは［3］に不該当なため公益通報保護の対象となる労働者には該当しませんが、法的に見た内部告発の正当性の要件は次の3つが必要とされています。

Ⅰ 真実性
Ⅱ 目的の正当性
Ⅲ 手段の相当性

これらから総合的に判断します。

Ⅰの真実性に関しては問題なく認められるでしょう。

Ⅱの目的が微妙です。ネット上で公開することにより、反省を促し、不正をただし、会社の風紀を改善したいという確固たる信念がある場合であれば、目的の正当性は認めやすいと思いますが〝不倫の暴露〟にそんな高尚な目的を持っている人は一般的に少ないのかもしれません。幹部の不倫の事実が周知の事実であり、それによって社内の風紀が乱れている（皆のモチベーションが下がった等）場合であれば、目的の正当性はあるのかもしれません。

Ⅲの手段の相当性については、ネット上でどこの誰だか特定できる形態で掲載しているわけですから悪質とも言えますが、匿名でおもしろおかしく書いたコメントと共に掲載しているという場合でなければ、目的との相関関係において、かろうじて相当性も認め得ると思います。

ポイント●会社の信用は下がったのか

また、「副社長と秘書が不倫している」という事実が、どこまで「会社の信用を著しく下げた」と言えるのかも問題です。昨今、不倫は日常茶飯事になっていますし

（江戸時代なら拷問にもなったでしょうけれど）、個人的な問題であるとの風潮も強いので、会社の信用にどこまでかかわるかは一概には言えません。会社の規模が、一部上場の大会社か、中小零細かでも異なるでしょう。

【問題2の解答】

いずれにせよ、かなり限界事例ではありますが、解雇は行き過ぎです。まずは懲戒処分でという結論がしっくりくるでしょう。企業側からすれば「会社の不利益を外部にさらすなんて」と思われるかもしれませんが、昨今、偽装問題の内部告発が増えていることを考えれば、「企業の不利益になるようなこと」、「外部に出たら大問題」という部分をなくすことが重要かもしれません。

【問題3】

不規則な時間勤務の多い広告代理店。朝11時の始業時間を守らない社員に注意したところ、自分が帰宅するのはいつも22時過ぎなのに残業代も出ないじゃないかとその日からタイムカードを押すのを拒否している。確かに、残業代を支払っていないためタイムカードを押させる明確な意味はない。彼にペナルティを与えることはできるのか？

【検証】

ポイント●不規則な勤務だが基本は11時出社

労働時間を弾力的に運営するためフレックスタイム制や裁量労働制が採用されている事業場なのかどうかが気になります。フレックスタイム制であればコアタイム（必ず勤務していなければならない時間）を11時としているならば11時に出社しない社員は服務義務違反となりなんらかのペナルティを課すことは可能となります。

しかし文面からはそのような制度が導入されているとは見受けられませんので11時出社であることの根拠が就業規則や雇用契約書などに定められていることが重要となります。職場の慣行で11時出社であっても不規則勤務としている以上、12時出社する社員が現れても「この時間に出社しろ」とは法律上言うことができないのです。

弾力的労働時間で管理するのであれば裁量労働制、みなし労働時間性を採用するのがイライラしない時間管理といえそうです。

ポイント●残業代が出ないことを理由にタイムカードの打刻を拒否

都道府県の労働基準監督署は、それぞれの使用者に対して、始業・終業時刻の確認及び記録を正確におこなうこと、そのためには始業・終業時刻の確認及び記録の原則的な方法として、「(ア)使用者が、自ら現認することにより確認し、記録すること」「(イ)タイムカード、ICカード等の客観的な記録を基礎として確認し、記録すること」としています。(2001年4月6日厚生労働省基準局長通達　基発339号)

つまり適正な時間管理を行う上で始業、終業時刻の確認ができるものを使用者側に記録として残すよう要求しているのです。

となると、企業としてはなんらかの形で時間の記録を残さなければなりません。そこで「タイムカードを押すこと」という使用者の指図や指揮命令を労働者に対して課すこととなります。使用者は必要な業務上の命令を発し、指示を与える権限を有し、労働者はそれに従って業務に従事しなければならない服務義務を負うのです。これらも就業規則に明記した上で違反した従業員に対して制裁を加えることは可能ですが、一度や二度の押し忘れで懲戒処分は行き過ぎかもしれませんのでご注意を。

ポイント●残業代を支払っていない

残業代が支払われていないことを理由に社員がタイムカードを拒否することは認め

られませんが、企業側の問題点として、本来支払わなければならない残業代を支払わないというのは違法です。不規則勤務であるならば徹底して出社時間を労働者の裁量に委ねる裁量労働制やフレックスタイム制を導入しなければ後から莫大な時間外手当を請求されても文句は言えないのです。タイムカードを押していないから証拠は残らないと考える経営者の方もいらっしゃいますが、従業員が自分の手帳などに時間を書き残している場合もあります。労働時間に関する争いが起きたとき、ほとんどの場合、会社が不利になるケースが多いのです。

【問題3の解答】

懲戒処分はできても後から残業代を請求される可能性が大きいでしょう。ここが恐ろしい部分なのです。どんなに問題がある社員でもペナルティを課すことができない。上司の権力で従わせようとすれば今度は会社の法令違反を告発されてしまうのです。

公益通報者保護法が施行された背景には内部告発が増えてきていることにより、一定の基準を満たす告発者を保護しようという動きがあってのことです。

サービス残業を告発した社員を別の理由で解雇したとしても、その解雇に合理的理由があり、社会通念上相当（労働契約法16条）でなければ解雇権濫用となってしまう時代なのです。

若手社員が指示命令に従わないとき、企業としてはなんらかのペナルティを課したいところではありますが、ペナルティを課した途端、今度は自社の違法行為を告発されてしまうのです。だからこそ、法令遵守がシュガー社員との摩擦を回避するための最高の手段なのです。そこに「会社のために」「みんなのために」は通用しないのです。

次からは中小企業などでよく問題となるケースです。労働組合がない場合、経営者の一存ですべてが決まってしまうためトラブルが多いのです。鶴の一声でビシッと問題が解決する職場は社長さんの人間性によるところが大きいのですが、そこに権利意識の強い社員が現れると精神論や根性論だけでは解決しきれません。法令遵守や就業規則の重要性がご理解いただけると思います。

【問題4】

長年契約社員として働いている社員数名に、正社員の額には及ばないが、慣例として、毎年社員と同じようにボーナスを支給していた。しかし、今年は業績が悪かったために、正社員の額はそのままに、契約社員のボーナスをなしにしたところ、労働基準監督署に訴えると言われた。支払う義務はあるのか？

【検証】

ポイント●契約社員に賞与の支払義務はあるのか

不況とともに大変大きな問題となっているのが、契約社員の雇用のしかたです。

契約社員だから、すぐにクビを切れると思っている社長さんがいたとしたら大間違いです。契約社員といえども労働基準法の適用を受ける労働者であり、契約社員だから正社員と同様の扱いをしないというのは、責任を持たせる度合いなどある部分は同じでなくても構いませんが、年次有給休暇や解雇の際も正社員と同じ適用を受けます。

そうなると賞与や退職金など正社員と扱いが異なる部分に関しては規定を設けておかなければ、いくら「あなたは契約社員だから」と言っても「じゃあ、退職金規定に契約社員を除外するなんて書いてありませんけど」と言われてしまえば支払義務が生じてしまうのです。

【問題4の解答】

賞与は労働契約法上の賃金ではないため原則として支払義務は生じず、使用者側の自由裁量に任されているといえますが、就業規則等で賞与を支払うと明記されていれば支払義務が生じます。今回は正社員と契約社員、分けて考えてみます。

（ア）就業規則に賞与支給規程があり、契約社員についての適用除外がない場合、または契約社員についての除外規定があっても別途契約社員規程がない場合

↓正社員と同様に支払義務がある

（イ）就業規則に賞与支給規程があり、契約社員についての適用除外規定があり、かつ契約社員規程がある場合

↓契約社員規程による

（ウ）就業規則がない場合、またはあっても賞与支給規定がない場合

↓使用者側の自由裁量なので原則として支払義務はありません。しかし慣行や採用時の説明内容等の存在を労働者側が立証できれば、前年と同額とまではいかないにしても支払義務が生じる場合があります。

パートだから、アルバイトだから、嘱託だから賞与はなくて当たり前、時給が当たり前という考え方は一般的ではありますが、法律でそれが決められているわけでもあ

りません。きちんと規定を設けておくことが重要となるのです。
今一度、就業規則を開き、就業規則の適用を受ける労働者を確認してみてはいかがでしょうか？　作成時には存在しなかった契約社員や、パートさんが存在しているかもしれません。にもかかわらず「この就業規則は○○社に在籍するすべての労働者に適用する」などと書かれてあれば契約社員、パートさんも正社員と同じ就業規則を適用しなければならなくなるのです。

【問題5】

サーフィンが大好きな社員が、隣の県の海沿いに引越してしまった。通勤代に特急を使うので月の交通費が10万円近くになるという。払えないと伝えると、就業規則には全額支給と書いてあると譲らない。払わなければいけないのか？

【検証】

ポイント●就業規則で通勤代は全額支給となっている

就業規則に定められているのであればそれに拘束されますが、今回は採用時には予測できないことが起きてしまっているため例外扱いとなりそうです。

ポイント●隣の県の海沿いに引越し、特急を使用するため月の交通費が10万円になる
・採用時には交通費が10万円もかかる場所に住んでいなかった
・引越しして交通費が10万円になることを事前に会社に告げていない
・特急を使用する必要が必ずしもない
以上のことから一般常識に照らして必ずしも全額支給の義務は生じません。

【問題5の解答】

これはまさに、〈私生活延長型〉のシュガー社員がとりそうな行動です。
就業規則で全額支給となっていても、今回はサーフィン好きの社員がわざわざ遠方に引越したわけですから、全額支給しなくてもよいと思われます。今後は就業規則には限度額を記載することでトラブルは避けられます。

【問題6】

年功序列で係長→課長→部長と昇進させる中小企業。新卒で入った社員は、35歳をめどに課長になれる。しかし、ここ5年以上、親の介護のため週に1日休暇、1日半休、残業は一切しないという形をとっていた社員を係長のままにしたところ、私だけ昇進できないのは不当、訴訟を起こすと言われた。これは不当とみなされるのか？

【検証】

ポイント●職場の雇用慣行で昇進が行われていた

昇進が自動的に行われていたのであれば、今度は昇進しない理由の根拠が必要となります。介護休業を取得していたからという理由では不利益に取り扱うことは違法となります。（育児介護休業法第16条）

ただし、昇給の要件に出勤率の算定があり、出勤率を満たさないことによる昇給見送りは違法とはされません。いずれにせよ、昇給の要件を定めておかなければならないでしょう。

ポイント●親の介護休業を取得している社員の昇給をしなかった

介護休業は休業、時間短縮措置あわせて通算93日までを法律で認めた介護休業としています。（育児介護休業法第15条）

【問題6の解答】

5年間、週1回の休日と週1回0・5日の休業があったとのことですからこれを計算すると、実は半休も一日休と同様に計算されるため、週2日×52週×5年＝520日となり、すでに93日を超えていることから法的な介護休業は終了しているものとして取り扱うことになります。となると今回は法的な介護休業を取得していることにはならず、昇給させなかったとしても不利益な取り扱いにはならないことになります。

ただし93日を超えた日以後は家族を介護する労働者に関して、努力義務として介護休業制度または勤務時間の短縮の措置に準じて、その介護を必要とする期間、回数などに配慮した必要な措置を講ずるよう努めなければならない（育児介護休業法第24条第2項）とされています。

結婚しない若者が増えている今、親の介護もシングルで行うケースが増えてきました。そのため、こうした問題も今後の日本ではますます増えてくるはずです。今のうちに知識を蓄えておいた方がいいでしょう。ここで介護休業のポイントに関して少し触れておきます。

介護休業は私的事由によるため無給でもよいのですが、休業期間中の賃金の取り扱い、休業後の昇給、賞与、退職金の算定における休業期間の取り扱い、休業後の配置などの労働条件（法律上は特定せず労使の自主決定に委ねられている）をあらかじめ定めるように努め、これを就業規則等に定めるなど労働者への周知が必要になってきます。（育児介護休業法第16条）

この「不利益に取り扱ってはいけない」の不利益とは、どの程度のことを言うのかが判断に迷う部分だと思われます。厚生労働省では以下の指針で定めています。（労務安全情報センターHP http：//www.labor.tank.jp/ikukai/ikukai-kaisetu.htmlより抜粋）

指針（例示）　例えば、次に掲げるものが該当すること。

（イ）解雇すること。

（ロ）退職又は正社員をパートタイム労働者等の非正規社員とするような労働契約内容の変更の強要を行うこと。→勧奨退職や正社員をパートタイム労働者等の非正規社員とするような労働契約内容の変更は、労働者の表面上の同意を得ていたとしても、これが労働者の真意に基づくものでないと認められる場合には、これに該当します。

（ハ）自宅待機を命ずること。→事業主が、休業終了予定日を超えて休業することを労働者に強要することは、これに含まれる。
（ニ）　降格させること。
（ホ）　減給をし、又は賞与等において不利益な算定を行うこと。→休業期間中に賃金を支払わないこと、退職金や賞与の算定に当たり現に勤務した日数を考慮する場合に休業した期間分は日割りで算定対象期間から控除すること等専ら休業期間は働かなかったものとして取り扱うことは、不利益な取扱いには該当しないが、休業期間を超えて働かなかったものとして取り扱うことは、「不利益な算定」に該当する。
（ヘ）　不利益な配置の変更を行うこと。→配置の変更が不利益な取扱いに該当するか否かについては、配置の変更前後の賃金その他の労働条件、通勤事情、当人の将来に及ぼす影響等諸般の事情について総合的に比較考量の上、判断すべきものであるが、例えば、通常の人事異動のルールからは十分に説明できない職務又は就業の場所の変更を行うことにより、当該労働者に相当程度経済的又は精神的な不利益を生じさせることは、これに該当する。
（ト）　就業環境を害すること。→業務に従事させない、専ら雑務に従事させる等の行為は、これに該当する。

ここで一つ、大事なポイントがあります。

（ホ）　減給をし、又は賞与等において不利益な算定を行うこと。

今回の問題は、ここに関係してくるのです。

介護休業期間中で欠勤している場合や、勤務時間を短縮している間は労働に従事していないため労働者からの賃金請求権が発生しません。労働に従事しない時間分に関して賃金を支払わないことは不利益な取り扱いにはなりません。賞与や退職金の算定に関しては、出勤率などで算定を行っている場合、休業している日数を算定から除外することは不利益には該当しないのです。これらも就業規則等に定めておかなければならないことは言うまでもありません。

【問題7】

会社を設立して2年経過し、他の都市に支店を出すことにした。設立当初からの従業員に転勤を命じたところ、「彼女と離れたくないので転勤したくない」と拒否され、「業務命令に違反したら解雇だ」と告げたところ、「転勤があるなんて最初に言われていない。職権濫用だ」と言われてしまった。転勤命令は職権濫用にあたるのか？

【検証】

ポイント●転勤があることを最初に伝えていなかった

労働契約は「会社に雇用される」契約であって「この仕事」「この場所に限る」という形にはなっていません。採用当初の「勤務場所や従事する業務」は労働基準法15条で文書による明示義務はありますが、それは最初の配属先の明示のみでよく、その後の変更は「会社にまかせる」という白紙委任的な契約が原則となっています。従って「転勤させない」「この仕事に限る」といった特約がない限り、労働者は使用者の転勤や配置転換等の人事異動命令に従わなければなりません。(『人事の法律常識』前出より抜粋)

今回は雇い入れ時には支店を出すことが予測不可能であったため、雇用契約書も転勤に関してはなんら触れていません。つまり「転勤させない」という限定特約がないため転勤させるのは職権濫用にはあたらないことになります。

ポイント●転勤拒否の理由が「彼女と離れたくない」

配置転換、転勤は労働契約によって会社に包括的に委ねられた人事権の行使ですから、労働者を適材適所に配置するため、自由に人事異動を命じることができます。しかし、だからといって、無制限に転勤や配置転換が許されるわけではありません。配置などの人事異動には原則として

・業務上の必要性
・人選の合理性

という二つの要件が必要とされ、これを充足していれば権利の濫用にはなりません。

使用者の配転命令権が濫用になる場合は次の7つの場合があります。

［1］業務上の必要性のないもの
［2］労働条件が著しく低下するもの
［3］職種、勤務場所について合理的な予想範囲を著しく超えるもの
［4］不当労働行為に該当するもの
［5］思想・信条その他差別待遇にあたるもの

［6］技術・技能等の著しい低下となるもの
［7］私生活に著しい不利益を生ずるもの
（『人事の法律常識』前出より抜粋）

恐らく［7］が該当すると叫ばれそうですが、単身赴任が転勤を拒否する正当な理由がないとされていますので（平成5年9月29日・東京地裁／平成11年9月17日・最高裁・二小帝国臓器製薬事件判決）「彼女と離れたくない」というのは正当な理由にはなりません。

【問題7の解答】

職権濫用には該当せず、懲戒処分も可能。ただし就業規則等に制裁規定があり、労働者にも周知していることが前提です。

以上、職場で今後もっと増えてくるだろうトラブルを法律面から見てきました。企業側の目線、労働者からの目線、それぞれあるとは思いますが、まずは法律に抵触していないか？　ということを冷静に見ていく必要があり、「会社の利益のために我慢しろ」や「そんなのウチの会社に言われてもね〜」という運営には限界があるということがご理解いただけたのではないかと思います。経営者側がそう発言した瞬間に、ブラック企業と呼ばれる可能性もあります。今後は「今までこんなことを言い出す社員はいなかった」「会社に不満があるなら辞めてくれるだろう」という考えは通用せず、不況という時代背景も手伝って、退職せずに戦う社員が多くなると認識し、それを踏まえた上で就業規則や労働条件の整備を検討して下さい。

シュガー社員スイッチはこうすると入ります！

さて、就業規則や労働条件の整備が終わったからといって安心できるわけではありません。日頃から若手社員に接している上司や先輩の言動や行動が若手社員の意欲を奪い、シュガー社員スイッチの引き金（トリガー）を引いてしまうことがあるのです。

例えば「指示待ち社員が多い」「自立型の人材が欲しい」と経営者や管理職の方が考えていても現場では全く違うことがおこなわれている場合が多いのです。以下のような社員が現れたとき、最初からそうだったのか、途中からそうなったのか現場での確認をしてみて下さい。表面的に捉えていては見えない問題もあるのです。

問題を探るとき、根元を押さえなければなりません。ここを間違うと取り返しのつかない遺恨を残すこともあるのです。問題解決の第一歩は「問題はどこにあるのか」を見つけ、解決するための仮説を立てるのです。仮説を正しいものにするためには調査や分析をすることになります。結論は仮説と検証の繰り返しで到達するものです。上司からの報告だけを鵜呑みにして動くと大事なことを見落としてしまうこともあるのです。

○指示待ち社員が多い

よく耳にする言葉です。自分から仕事に向かおうとせず、細かい指示を出さなければ動いてくれません。シュガー社員だと〈ワンルームキャパシティ型〉に属します。ところが当の若手社員からこのような声を聞くことがあります。

「最初のうちは自分からいろいろ動いたりしたのですが、少ない情報しかもらえず、それでミスが起きると激しい口調でどやされるんですよ。わからないときには確認していますよ。でも曖昧な返事しかもらえなくて、それで動いて叱られるなら最初から言われた通りのことだけやっていればいいと思うようになりますよね。若手が腐るのってこんなところからじゃないですか」

最初は一生懸命仕事に向き合おうとしたけど、上司とのコミュニケーションがうまくとれず、結果的に仕事のミスが多発するために自分から動くことをやめた……「言われたことだけやっていればいい」「余計なことするな」などと言われれば「はいはい、言われたことしかしませんよ」となってしまうでしょう。言われたこと以外はしてはいけない場面なのか、臨機応変に対応して欲しい場面なのか、その見極めこそ学んで欲しい部分ですが、これが若手社員が最も不得意な部分でもあります。

「これは何も考えずマニュアル通りにやってね。もし疑問があればそのまま放っておかず途中で聞いて」

「マニュアルはあるけど、パターンからはずれることがあるから、その時は状況を考えて行動して。どうしてもわからなければ○○さんに聞いて」

このような対処法まで伝えておけば、あまり間違った方向には行かないと思います。仕事がうまく進まなかったり、つまらなくなるとすぐに放り投げてシュガー社員化してしまう若者達。途中から「指示待ち社員」に変貌してしまったのには、意外とこんな背景があったのかもしれないと仮説を立て、意欲の芽を摘むことがなかったかどうか検証してみて下さい。くれぐれも最初から指示待ちだったのか、途中からそうなったのかの確認も忘れずに。

○遅刻、突然の欠勤が多い

シュガー社員でいうと〈私生活延長型〉に該当するのですが、これもなぜ遅刻を繰り返すのかその背景を見る必要があります。以前私は「遅刻ばかりする社員を解雇したい」と相談を受けたことがありました。遅刻ばかりする社員は仕事に対する意欲がないとみなして、解雇できますと言ってしまいがちですが、これも「なぜ遅刻ばかりするのか。何か理由があるかもしれない」と仮説を立て、職場に伺った際、その社員のタイムカードを確認しました。

確かに週のうち3回以上遅刻があるので問題であることには変わりないのですが、前日の退社時間が深夜だったりするのです。

仕事が終わらずに一人で夜中まで仕事をしているため、朝起きることができないというのは想像がつきます。それでも「決まりだから定時に来い」と言うのはメンタルな部分を考えても危険です。仕事のスピードの個人差はあれど、夜中までかかる仕事を一人で抱えさせるのは時代の流れからしてもリスキーなことです。仕事量を調整するなど配慮が必要です。解雇などはもってのほかでしょう。

○「私の仕事はここまでです」と明確に線を引く

いつもの仕事以外のことをお願いすると、「これは私の仕事ではありません」と言われ、「ここまでやって欲しい」と言うと「私の仕事はここまでです」と明確に線を引かれる。

一定の仕事だけの契約を結んでいるのなら理解できますが、毎日、さまざまなことが起きる職場で「ここまで」と線引きをされると辛いものがあります。しかしこれも最初からそうであったのか途中からそうなってしまったのか仮説を立て、検証する必要があります。

＊＊＊＊＊＊＊

業務量は多く、自分一人でやりきるしかない。長時間残業を繰り返す。ひどい場合は休日出勤もしなければならない状況になる。これだけ自分は忙しい思いをしているのに、誰もわかってくれない。声をかけてくれない、声をかけられない、相談できない。こういった状態が続くと…（中略）…さらに状況を悪化させてしまうことが起きる。助けて欲しいときに誰も気づいてくれなかった、誰も声をかけてくれなかった、声をあげたのに手伝ってもらえなかったという経験である。これを繰り返してしまうと何もしない方がよいという学習をしてしまう。（『不機嫌な職場』高橋克徳＋河合太介＋永田稔＋渡部幹／講談社現代新書より抜粋）

＊＊＊＊＊＊＊

最初から明確な線を引く社員であれば、〈私生活延長型〉や〈プリズンブレイク型〉シュガー社員と認定してもいいのですが、最初は一生懸命だったのが途中から線を引き出したのであれば、一人で悩み、声をあげることもできず自分を守るために踏み込ませないようにしているのかもしれません。業務量が多くなると一人でこなすことが苦痛になる場合もあります。

もちろん、意欲的な社員であればサクサクこなせるのかもしれませんが、許容量をはるかに超える業務をふられ、上司からのフォローもなければ、どれほど意欲的な社員でもつぶれかかるかもしれません。「君に任せたよ」という言葉も信頼の証とも取れますが、与え方によっては「丸投げ」「無責任」と捉え兼ねられません。部下の能力、ミスパターンの把握がどれだけできているのか、上司自ら検証する必要があるでしょう。

明日からできる「クレド」と「ルールづくり」

シュガー社員の口癖の一つに「最初に言われていません」という言葉があります。こちらからすると「言われなくてもわかるだろう」と言いたくなるところですが、シュガー社員からすると本当にわからない情報もあるのです。『読売新聞』のニュースサイトで「発言小町」という主に女性向けの掲示板があります。この掲示板では男女間の悩みのほか、「キャリア・職場」という項目があり、なかなか興味深いトピ（トピックの略）が投稿されています。またトピに対するコメントも匿名性なので、私でもそこまでは言えませんという過激な内容もあり興味をそそります。

ここで以前、「仕事中にちょっと時間があいたのでインターネットをやっていたら上司に怒られた。前の職場ではよかったのにこの職場は旧い価値観の職場ではないのか」というトピが投稿され、それに対するコメントが「仕事中にネットやっているなんて信じられない派」と「普通はそれくらい許されるよね派」と大きく二分されているのです。

会社の職種や形態によって、「仕事中に仕事とは関係ないネットなんてとんでもない」という考えもあれば、「自分の仕事が終わっていれば気分転換にネットを見ることは問題ない」という考え方もあるでしょう。「仕事中にネットをしてもいいか、ダメか」以外にも企業側、働く側の意識には大きな溝があります。この溝を埋める作業を今後は緻密におこなっていかなければなりません。それにはきちんと社員に対し、「我が社ではこのような考えで業務をおこなっている」というクレド（信条）を明確にし、ルール作りをしていくことなのです。このルール作りには若手社員も参加させるようにして下さい。ルールを一緒に作る、守る行為で職場の風通しは随分と良くなるのではないか思います。

ところが、ここに〈キング・オブ・シュガー〉が入るとどうなるのか。モラルが低い彼らのこと、ルールがあっても平気でそれを破ります。しかし、そのルールを破ったときこそ、シュガー社員を教育するチャンスなのです。暗黙のルールでは、それを破って注意されたところで「最初に言われていません」と突っぱねられるだけです。

このように、ブラック企業の要素を取りのぞき、シュガー社員を教育するには、社員の誰もが納得する「クレド」と「ルール」を企業が完備しなければいけないのです。

田北百樹子のリアル本音インタビュー！
自称・元シュガー社員に聞く。
「シュガー社員がまともな社会人になるには？」

第四章

最終章にこのインタビューを収録します。

この本の執筆にあたって、「上司や企業の力でシュガー社員は変えられるのか」「シュガー社員は自分の糖度に気づくことはできるのか」の2点を悶々と考えているとき、酔狂にも（?）「自分は元シュガー社員でした」と名乗られる方にお会いすることができたのです。

私は、2009年3月まで、情報配信サイト「J-CASTニュース」内で、「会社ウォッチ　シュガー社員がやってきた！」というタイトルでコラムを連載していました。その同じカテゴリーで「『できるヤツ』と思わせる20のコツ」というなんとも刺激的なタイトルで仕事術を書いている野崎大輔氏が、その酔狂なお方です。今までに四度転職を経験し、現在は私と同じ、社会保険労務士として独立しています。

この野崎氏のコラムの初回は、彼の自己紹介から始まるのですが、その内容はまさしく〈俺リスペクト型〉と〈プリズンブレイク〉の混合型。彼が、拙著『シュガー社員が会社を溶かす』を読んだときには、「俺のことが書いてあるって、へこみましたね」という感想を持ったそうです。そんな野崎氏から、転職経験から得たもの、そして独立を経て、仕事術のコラムを書くまでに成長した理由をお聞きしました。

野崎大輔（のざき・だいすけ）

1976年生まれ。フリーター、上場企業の人事部勤務などを経て、2008年8月独立。「企業を活性化させるチェンジ・エージェント」というコンセプトを掲げ、東京・四谷で人事コンサルタントとして活動中。野崎人事労務管理事務所代表、特定社会保険労務士。「mixi」のコミュニティ「できるヤツと思わせる20のコツ」も運営中。

＊＊＊＊＊＊

田北　野崎さん、黒いスーツでビシッと決められて格好いいですね。ワイシャツもネクタイも、黒！

野崎　はい。黒が好きで。でも周りには「殺し屋みたい」と言われますけど……。

田北　でも、現在は社会保険労務士でいらっしゃる。独立するまでに四度転職されていますが、これはどんな理由があったのか、それぞれ教えていただけますか？

野崎　僕が大学を卒業した平成12年（2000年）は就職氷河期でした。おまけに多くの企業がリストラをおこなっていたので、「就職するのがこんなに大変なのに、入ってからリストラされたんじゃかなわんな」と思ったので、全く就活せずに卒業してフリーターとなりました。僕の親が公務員で、なんだか楽そうだなと思っていたので、公務員試験を受けたのですが、あまり勉強をしていなかったため合格できませんでした。それで、公務員をあきらめて、たまたま大学生協の前を通ったら、社会保険労務士の資格のパンフレットが目に入ったのです。それまで社会保険労務士という職種なんて知りませんでしたが、その資格を取ろうと思ったんです。でもお金がなかったので専門学校には通わず、独学で勉強して、2回目で合格しました。

田北　社会保険労務士の資格の取得は、就職には有利でしたか？

野崎　はい、合格率8％台の国家試験の資格を取ったのだから、就職活動もこれで楽勝だろうと思っていたのですが、20社以上に履歴書を送って、すべて玉砕しました。

田北　厳しいですね。

野崎 その後、なんとか紹介予定派遣（正社員で採用することを前提として、その前の一定期間を派遣契約で就業する制度）で就職することができたのですが、その会社を1年で退職してしまいました。

田北 せっかく苦労して入社したのに。なぜ？

野崎 入社してまもなく、保険関係の届出の仕事を任されました。その頃の僕は、正直、社会保険労務士の試験には受かったけど、具体的にどんな仕事をするのかよく知らなかったんです。当時の上司にはお世話になりましたが、意味もわからずただこなすだけの毎日に嫌気がさして「人事の仕事はおもしろくない」と思うようになって……。それから社労士事務所で働いてみたいなと思い、退職したんです。

田北 資格と実務は違いますからね。それから次はどうしたの？

野崎 その頃、行政書士が主人公の『カバチタレ！』というテレビドラマが流行っていて、行政書士にも興味を持ちました。それで今度は行政書士の試験を受けたんですが、不合格。失業給付を受けながら経理コースの教育訓練を受講していました。

田北　勉強熱心というか、向上心は強いんですね。

野崎　そのときの教育訓練の講師の方が社会保険労務士で、その方に「ウチで働いてみないか」と誘われて、社会保険労務士事務所に勤務することになったんです。

田北　それはラッキーでしたね。

野崎　最初はアルバイトからですけどね。でも、そこの仕事もつまんなくて。

田北　どういうところがつまらなかったの？

野崎　僕が担当を任されたのは1社だけでした。ですから、その企業に張り付いて仕事するんですけど、やることが事務の補助みたいな仕事。銀行に行って記帳するだけとか。つまんないんですよ。

田北　でも、目線を変えれば楽な仕事でしょう？

野崎　確かに楽ですけど、毎日の仕事が銀行の記帳とか雑用ばっかりで、俺こんなことしてていいんだろうかって不安になってきたんです。

田北　やっぱり向上心はあるんだ。

野崎　向上心っていうか、変なプライドなんですよ。それに収入面でもかなりキツかったので結局半年で退職してしまいました。

田北　社会保険労務士らしい仕事を期待していたけれど、パシリみたいな仕事だったからってことかな？

野崎　はい。労務相談とか年金相談とかあれば勉強だと思って収入が低くてももう少し頑張れたとは思うんですけど……。社会保険労務士の仕事ってカッコいいと思っていたのでそのギャップもあったと思います。雑用ばかりだったので。

田北　この仕事はそんなに単純な仕事じゃないから、だからこそ、最初はどこの社会保険労務士事務所でも雑用みたいなことからスタートすると思うんだけど。

野崎　だから、自分は〈俺リスペクト型〉なんですよ。なんで俺がこんなことを！って、当時思っていましたから。常駐先の社長に、「俺のカバン持ちをやった方がためになるぞ」って言われたときも、「なんで俺が人のカバン持たなきゃなんないんだよ」って。

田北　社長さんが、「カバン持ちをやれ」って誘うときって、秘書にさせたいとか、自分の片腕にしたい人材に使う言葉だと思うんだけど。だから野崎さん、その社長に見込まれていたんじゃないのかな？

野崎　当時はそう思いませんでしたね。ふざけるなって感じでした。あ〜、本当に俺って根拠なき自信があったんですよね。

田北　そこだけ聞いていると、本当に〈俺リスペクト型〉シュガー社員だわ。

野崎　それで、次は会計事務所に紹介予定派遣で就職したんですが、そもそも中学生の頃から数学は嫌いだったのに、数字を扱う会計事務所に行ったのが間違いでしたね。俺は特に会計業務に携わることはありませんでしたが、「この先自分もやることになるんだろうか？」という不安感はありました。社労士業務は事務所内の給与計算や社会保険の手続きくらいで、自分から仕事を見つけて作らなければ仕事はないという状況だったと思います。しかしそれは、当時の俺にとっては非常に高いハードルでした。仕事を自発的に見つけておこなう、ということができなかったんです。極めつけは仕事もろくにできないくせに理想が高く、雑用を嫌っていたということでしょうね。

田北　もっと重要な仕事がしたかったと。でもやはり、最初のうちは次のステップに行くためにも、雑用をやることは仕方がないとは思うけど……。

野崎　今振り返れば、雑用のような仕事であっても、〈上司からは〉その仕事をする意味を教えてもらっていたはずです。ただ自分の中に入ってこなかっただけで。

だから、なんで俺がこんな仕事を……って思ってばかり。結局そこも3カ月で辞めてしまいました。だんだん在籍期間が短くなっていますよね。

田北　自分の将来に危機感があるから、逆に辞めちゃうのかな。

野崎　それがおかしいことに、危機感もあるんですが、その裏側には「なんとかなる」っていう根拠のない自信もあるんです。だから青い鳥症候群みたいに次から次へと行ってしまうんですよ。未来が見えない、意味のない仕事をやらされている、と自分が感じた時に、特にそうなっていたような気がしますね。

田北　自分探しが止まらないんだ。

野崎　ただ、3社も経験すると、「もうどこに就職しても大して変わらないな」ってことに気がついたんです。

田北　おおっ、ここで核心に触れるか！

野崎　そこであらためて自分と向き合って、次、どうするか？　と考えたときに、自分のキャリアを形成するには、企業の人事の仕事が最適だという考えに辿りついたんです。それで再び紹介予定派遣で会計ソフト開発の会社に入社して、後に正社員として人事で働くことになりました。

田北　そこで目覚めたんですか？

野崎　最初はやはり、基本的な仕事ばっかりだったんですけど、それをこなしているうちにだんだん重要な仕事を任されるようになりました。

田北　その重要な仕事を任されるようになったきっかけが知りたい。

野崎　ほとんど未経験に近いですが、一応社会保険労務士の資格を持っているので周りの社員の方々が、「社会保険労務士が来る」って期待されていたんです。ところがあまり経験を積んでいないから、仕事を渡されてもできないかもしれない。面接時にそのことを正直に伝えたら、人事部長が「わからなくても、調べながらやってくれればいいから」と仰って、おおらかな気持ちで仕事を任せてくれたんです。

田北　実務を教えてくれる人はいなかったの？

野崎　人数も少ない会社だったので、皆忙しく、そのような状況ではなかったと思います。もちろん聞けば教えてくれたのでしょうが、自分の中に変なプライドがあったので、聞けなかったのも事実です。でも逆に、そこから自立心が湧いてきて、「自分でなんとかしよう、どうにかしよう」って思えるようになりました。それまでは問題意識もなく、指示待ち社員でしたから。だから、〈ワンルームキャパシティ型〉でもあったんですよ。

田北 おおらかな土壌で仕事を任されて、誰も教えてくれなかったけど、それがかえって自立心を目覚めさせたんですね。

野崎 そうなると仕事のおもしろさに目覚めて、周りからできるヤツって思われるような人材になりたくて、がむしゃらに仕事をしました。それ以前は残業はしたくないと思っていましたが、知らぬ間に、終わるまでとことんやるという意識に変わっていました。だから残業が多くても、気にしませんでしたね。そうやって、仕事の幅も広くなり、いろいろ経験をしていくうちに、自分の専門分野が確立されていって、今度は無性に独立したくなり、結局3年3カ月在籍して独立しました。

田北 社会保険労務士の場合、独立しても食べていけるまでには結構時間がかかるはずです。その心配はなかった?

野崎 はい、それがありがたいことに、これまで勤務した会社の方々との人間関係が今でも続いていて、その方々から仕事を紹介してもらっているんです。

田北　それは素晴らしいですね。私が定義しているシュガー社員には、辞め際が汚くて、人間関係が続かないという一面もあるのに。

野崎　今、士業（～士と付く資格を持つ職業の俗称）の総合事務所に半独立の形態で勤務していますが、ここは実は、以前退職した会計事務所なんです。

田北　3カ月で退職したあの会計事務所ですか？

野崎　はい。独立しようと思って挨拶の連絡をして、代表の方と話しているうちに考えがまとまり決めました。以前は10人くらいだったのに、今は50人くらいに増えていて、いろんな士業の人がいるから自分の刺激になるだろうって思いました。

田北　「J-CASTニュース」でコラムを書くきっかけは？

野崎　J-CASTの担当者の方も最後に勤務していた企業で知り合ったんです。独立してから何度かお会いして「こんなのがあったらおもしろいんじゃないですかね」と企画案を作って見てもらったら、コラムを書いてみないかって。

田北　人に可愛がられるというのは大事な要素ですね。自称・元シュガー社員だっていうけどそうでもないんじゃないの？

野崎　いえ、あの当時は間違いなく〈俺リスペクト型〉と〈プリズンブレイク型〉の混合型のシュガー社員だったと思います。

さて、野崎氏はシュガー社員だったのでしょうか。確かに最初はシュガー社員の気質があり、周りからもそう思われていたかもしれません。しかし度重なる転職で、自分なりの気づきがあり、運よくポテンシャルを引き出す企業にめぐり合えたことで、シュガー社員からの脱皮を図ることができたのではないでしょうか。最後に、「『シュガー社員が会社を溶かす』を読んで頭に来なかった?」と聞いたところ「いえ、全然」という答えが返ってきました。

おわりに

シュガー社員という言葉を、「若者を皮肉った嫌味な言葉」と思われている方がいらっしゃいます。このような言葉が流行り、若者が傷ついている、中高齢が会社にしがみついて高い賃金を貰っているから若者が定職に就けない、こんな社会にした中高年世代が悪いのに、なぜ若者を叩くのかと。

私は若者叩きをしている気は毛頭ありません。

むしろ若者に発奮してもらいたい。会社からどう思われているのか知って欲しい。そんな気持ちで前著『シュガー社員が会社を溶かす』を書き上げたのですが、評価は二分されました。シュガー社員に悩まされている企業からは「まさしく会社で起きている問題」、企業や上司に対しての不満が爆発寸前の方からは、「一方的な言論だし、上から目線で不愉快」「こんなことを書かれたらまた会社に行くのが嫌になる」というようなご意見が寄せられました。

企業からは「家族的労務管理を見直し、襟を正さなければシュガー社員を育てることはできないのですね」と頼もしい意見をいただくこともあるのですが、当のシュガー社員とおぼしき方々は自身を省みるという心がけはなく、ただ上司や企業へのルサンチマンを溜め込んでいるだけのように見えます。私は、シュガー社員がシュガー社員であり続けることのメリットはどこにあるのだろうと不思議な気持ちにとらわれます。あれだけ損をすることは嫌がるのに、結果的には企業からは不要な人材と扱われることが見えていないのだろうかと心配になるのです。

企業や上司に対する不満はいつの時代もあることなのです。しかしそこで腐り続けることが果たして本望なのでしょうか。企業から「戦力外」だとレッドカードを出されれば、腹も立つでしょう。しかしレッドカードを出さなければならなかった企業の真意もどこかで考えて欲しいと思います。

もし、入社した企業に不正や不満があれば、「この会社はブラック企業だ」と批判をするだけでなく、どこをどう改善すればいいのか分析、研究し、それでも改善がないような企業だったら、そこで腐り続けるのではなく、お別れするという選択肢もあると思います。そして、少しでも今の職場を良い職場にしたいと思うのであれば、いろいろな本を読み、人と話をたくさんして職場の問題点を少しでも改善できる方法を練ってみて下さい。

愚痴を言ったり、会社にクレームをつけるだけなら誰でもできるのです。ただの「クレームをつけるうるさい新人」と思われないようにするには、改善策も一緒に提示すれば逆に見どころのあるヤツと思われるはずです。例えば時間外労働が多い職場であれば、どうすれば時間内で仕事が終わるようにできるのか、これは内部にいる方でなければわからないことなのです。

そして、自分の入社する企業が「またブラックだった」と思う回数が多い場合、そのときは自分を省みていただきたいのです。働く側にも会社を選ぶ権利と自由があるのです。そしてブラックではない企業に選ばれる自分であって欲しいと思います。

一日8時間、職場にいるのなら少しでも充実した時間を過ごせた方がいいわけです。上司が悪い、会社が悪い、シュガー社員が悪いだけでは何も解決しません。お互いの歩み寄りが信頼関係を作り、充実した関係を築いていけるものだと確信しています。

最後になりましたが、法律面での解釈にはアルテミス法律事務所弁護士・村木日文氏にご協力いただきました。

また、第三章では安西愈《まさる》先生の著書を大変参考にさせて頂きました。この場を借りて御礼申し上げます。同時に、私にとって3冊目となるシュガー社員の本に、飽きることなくほとばしる情熱を傾けて下さった編集長・小宮亜里さんに感謝申し上げます。

2009年3月

田北百樹子

田北百樹子《たきた・ゆきこ》

札幌市在住。平成8年1月に「田北社会保険労務士事務所」を開業。保険関係の届出や就業規則作成他、人事考課制度導入や、社員教育、ビジネスマナー講座DVD制作、異業種ビジネス交流も積極的に活動。「シュガー社員」の名付け親。

著書に、『シュガー社員が会社を溶かす』（弊社刊）、『「シュガー社員」から会社を守れ』（PHPビジネス新書）

ブラック企業とシュガー社員

2009年4月4日　初版第一刷発行

著者○田北百樹子（YUKIKO TAKITA）

ブックデザイン○石塚健太郎（modernapolitan）

イラスト○河南好美

special thanks○野崎大輔

本文デザイン・DTP○明昌堂

編集○小宮亜里　下村千秋

発行者　木谷仁哉

発行所　株式会社ブックマン社

〒101-0065　千代田区西神田3-3-5

TEL　03-3237-7777　　FAX 03-5226-9599

http://www.bookman.co.jp

ISBN 978-4-89308-711-9

印刷・製本：図書印刷株式会社

PRINTED IN JAPAN

ブックマン社の本

シュガー社員が会社を溶かす

田北百樹子［著］

四六判／並製／240ページ／定価1333円＋税
ISBN4・89308・671・6

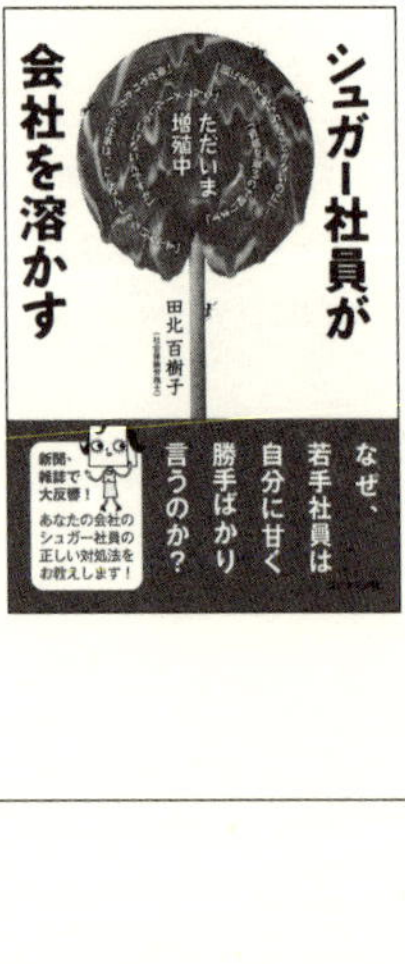

〈シュガー社員〉の名付け親、田北百樹子の初の著書！
「親にだって叱られたことがないのに」「なんでメールじゃ、いけないんですか」「資格をとるので帰ります」「俺がやりたかった仕事は、こんなんじゃない」近頃の若手社員は、なぜ、自分に甘く勝手ばかり言うのか――社会保険労務士を務める著者が実際に相談を受けた、シュガー社員のとんでもない実例を紹介。会社を溶かし、やがては日本を溶かしかねないシュガー社員が、あなたの部署にも!?
各メディアに取り上げられた、衝撃の問題作！

ブックマン社の本

大転換の時代
——10年後に笑う日本人が今するべきこと

原田武夫［著］

四六判／並製／256ページ／定価1429円＋税
ISBN4-89308-705-8

金融メルトダウン、ビッグ3崩壊——それでも米国はよき教師なのか？
第二次中国バブル、ロシア軍拡——それでも世界はフラット化するのか？
そこはかとない喪失感に漂う、この国のすべての人へ。
外務官僚から経営者へと転進した気鋭の著者が綴る、
大不況の今こそ読むべき幸福原論。数々の経済予測を当ててきた彼が
〈ターゲットイヤー〉と明言するのは2020年。
この10年のあいだに、我々が何をするべきかがわかる本。

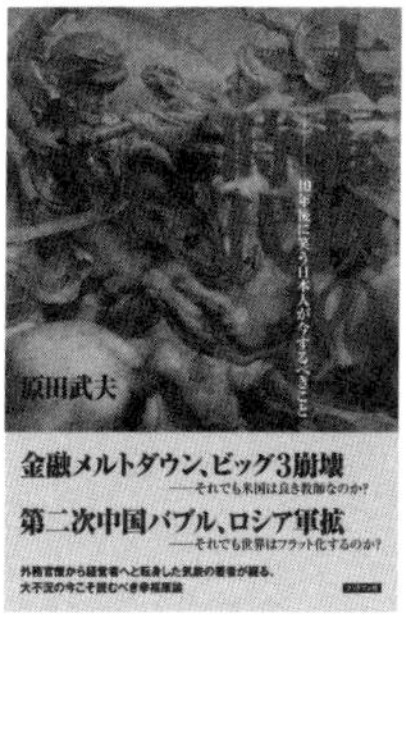